内蒙古马文化与马产业研究丛书

蒙古马精神

傅锁根等 · 著

内蒙古出版集团

内蒙古人民出版社

图书在版编目(CIP)数据

蒙古马精神/傅锁根等著. —呼和浩特:内蒙古人民
出版社,2019.8(2019.11 重印)

(内蒙古马文化与马产业研究丛书)

ISBN 978-7-204-15989-5

Ⅰ.①蒙…　Ⅱ.①傅…　Ⅲ.①蒙古族-民族精神-
研究-中国　Ⅳ.①K281.2

中国版本图书馆 CIP 数据核字(2019)第 138802 号

蒙古马精神

作　　者	傅锁根等
责任编辑	王　静　贾睿茹
封面设计	额伊勒德格
出版发行	内蒙古出版集团　内蒙古人民出版社
地　　址	呼和浩特市新城区中山东路 8 号波士名人国际 B 座五层
网　　址	http://www.impph.cn
印　　刷	内蒙古恩科赛美好印刷有限公司
开　　本	710mm×1000mm　1/16
印　　张	13
字　　数	200 千
版　　次	2019 年 8 月第 1 版
印　　次	2019 年 11 月第 2 次印刷
印　　数	1001—3000 册
书　　号	ISBN 978-7-204-15989-5
定　　价	38.00 元

如发现印装质量问题,请与我社联系。联系电话:(0471)3946120

"内蒙古马文化与马产业研究丛书"
《蒙古马精神》编写组

组　长：傅锁根

副组长：赵嘉敏

成　员：孙大为　　王　璇　　杨子祯　　刘　娴

　　　　苏雅拉图　　李　俊

总　序

　　"你听过马的长嘶吗？假如你没听过的话，我真不知道你是怎么理解蓝天的高远和大地的辽阔的。听了马的嘶鸣，懦夫也会振作起来。你仔细观察过马蹄吗？听过马蹄落地的声音吗？有了那胶质坚硬的东西，可爬山、可涉水，即使长征万里也在所不辞，而它有节奏的踏地之声，不正是激越的鼓点吗？"每次读到蒙古族作家敖德斯尔在《骏马》一文中的这段话时，我都激情澎湃、思绪万千。是的，蒙古族失去了马，就会失掉民族的魂魄；蒙古族文化中没了马文化，就会失去民族文化的自信。在漫长的历史长河中，没有哪一个民族像蒙古族一样与马有着密切的联系，没有哪一个民族像蒙古族一样对马有着深厚的感情。马伴随着蒙古族人迁徙、生产、生活，成为蒙古族人最真诚的朋友。马作为人类早期驯化的动物，与人、与自然共同构成了和谐共生的关系，衍生出了丰富的马文化。

　　内蒙古自治区的草原面积为 8666.7 万公顷，其中有效天然牧场 6818 万公顷，占全国草场面积的 27%，是我国最大的草场和天然牧场。据新华社报道，2018 年内蒙古马匹数量接近 85 万匹，成为国内马匹数量最多的省区。草原和马已经成为内蒙古自治区最具代表性的标志，吸引着无数人前来内蒙古旅游和体验。

　　2014 年 1 月 26 日至 28 日，春节前夕，习近平总书记在视察内蒙古时讲到，"我们干事创业就要像蒙古马那样，有一种吃苦耐劳、一往无前的精神"。这是对内蒙古各族干部群众的殷切期望和鼓励鞭策，蒙古马精神已经成为新时代内蒙古人民的精神象征，成为实现"守望相助"，建设祖国北疆亮丽风景线及实现内蒙古发展历史性巨变的强大精神力量。

"马"的历史悠久,"马"的文化土壤肥沃、积淀丰厚,"马"的功能演变和优化进程可以概括为由"役"的传统功能向"术"的现代功能的转变。无论从历史纵向角度看,还是从现实横向角度看,"马"的功能转变都为发展马产业提供了新的视角和思路。

改革开放四十年来,内蒙古大地呈现出了大力发展现代马产业的强劲势头,2017年自治区出台了《内蒙古自治区人民政府关于促进现代马产业发展的若干意见》,这个意见出台以后,为内蒙古发展现代马产业指明了方向。正是在这样的背景下,自治区党委宣传部决定在2019年举办内蒙古国际马博览会,并委托自治区社科联编写出版一套关于"马"的丛书。经过充分调研和论证,结合内蒙古实际,社科联策划出版了一套"内蒙古马文化与马产业研究丛书",该丛书共六本,分别是《马科学》《马产业》《马旅游》《马文化》《赛马业》和《蒙古马精神》,并将其作为自治区社会科学基金重大项目向社会公开招标。

通过公开招标,内蒙古大学、内蒙古农业大学、内蒙古艺术学院、内蒙古体育职业学院和内蒙古民族文化产业研究院等六个写作团队成功中标。内蒙古大学马克思主义学院教授傅锁根主持撰写《蒙古马精神》,内蒙古农业大学芒来教授主持撰写《马科学》,内蒙古民族文化产业研究院董杰教授主持撰写《马旅游》,内蒙古艺术学院黄淑洁教授主持撰写《马文化》,内蒙古农业大学职业技术学院王怀栋教授主持撰写《马产业》,内蒙古体育职业学院殷俊海研究员和温俊祥先生、郎林先生共同主持撰写《赛马业》。经过近六个月的艰苦写作,"内蒙古马文化与马产业研究丛书"一套六本专著终于付梓,这是自治区社科联组织的专家学者在马学领域一次高效的学术研究和学术创作的成功典范。

《马科学》主要从马属动物的起源、分类、外貌、育种繁殖等动物属性出发,科学揭示了马的生命周期和进化历程,阐释了马科学研究的最新成果和进展;《马产业》以传统马产业到现代马产业的发展历程,全景展现了马产业链,特别为内蒙古发展马产业做出了系统规划;《赛马业》从现代马产业发展的必由之路——赛马活动入手,揭示了赛马产业的终端价值,提出了内蒙古发展赛马产业的路径和方法;《马旅游》从建设内蒙古旅游文化大区的角度出发,提出了以草原为底色、旅游为方式、马为内容的内蒙古特色旅游体系;《马文化》从远古传说入手,介绍人马关系之嬗变,系统梳理中国古代马文化内涵、现代体育中的马文化及不同艺术领域中的马文化表现形式,还特别介绍了蒙古族的蒙古马文化,探讨马文化的研究价值及其传承与开发;《蒙古马精神》则从马的属性上归纳、提炼、总结出内蒙古人民坚守的蒙古马精神,论证和契合了习近平总书记对内蒙古弘扬蒙古马精神的理论总结。丛书整体上反映了马产业从传统到现代的转化,从动物范畴到文化领域的提炼,从实体到精神的升华之过程,具有科学性、系统性、前沿性。

这套丛书是国内首次系统研究和介绍马科学、马产业、马文化、蒙古马精神价值的丛书,填补了马科学领域的一个空白,展现了内蒙古学者在马科学领域的功底。写作过程中,大家边学习、边研究、边创作,过程非常艰难,但都坚持了下来。为保证写作质量和进度,自治区社科联专门成立了马文化与马产业研究丛书工作小组,胡益华副主席、朱晓俊副主席、李爱仙部长做了大量工作,进行全过程质量把关,组织区内专家、学者研究讨论,等等。同时,创新了重大课题研究的模式,定期组织研究团队交流,各写作团队既有分工,也有协作,打破了各团队独立写作的状态。但由于时间仓促,写作任务重,难免留下了一些遗憾,但瑕不掩瑜,相信自治区马科学、马产业领域的学者会继续深入研究探索,弥补这些缺憾。

伴随着历史演进和社会发展,马产业在培育新的经济增长动能、满足人民群众多样化健身休闲需求、建设健康中国、全面建成小康社会中发挥着重要作用。内蒙古作为马科学、马产业领域的发达省区,一定会为我国马产业、马文化的发展做出新的贡献,内蒙古各族人民也一定会遵照习近平总书记提出的坚守蒙古马精神,为"建设亮丽内蒙古,共圆伟大中国梦"做出努力。

内蒙古自治区社会科学界联合会

杭栓柱

前　言

习近平总书记指出："一个民族的复兴需要强大的物质力量，也需要强大的精神力量。没有先进文化的积极引领，没有人民精神世界的极大丰富，没有民族精神力量的不断增强，一个国家、一个民族不可能屹立于世界民族之林。"

2014 年 1 月，习近平总书记在考察内蒙古时对自治区各族干部群众提出了殷切期望："我们干事创业就要像蒙古马那样，有一种吃苦耐劳、一往无前的精神"。习近平总书记并从历史和时代的高度，提出"守好内蒙古少数民族美好的精神家园"的美好希冀。守好少数民族精神家园就是要求我们内蒙古要传承和发展好各民族人民共同创造的优秀民族文化，保护和维系好民族文化的基因和血脉，并不断与时代精神相贯通，努力形成各民族人民理想的精神栖息地。

"蒙古马精神"孕育于草原文明与农耕文明交流融合的历史互动中，形成于中国共产党团结带领各族人民进行革命、建设和改革的伟大实践中，确立于新时代推进中华民族复兴伟业、助力亮丽内蒙古建设的发展进程中，是中华民族精神的重要组成部分，是各族人民共有的精神家园。"蒙古马精神"以深厚的历史底蕴、丰富的精神内涵，既体现了各族人民共有的传统美德，又体现了各族人民艰苦奋斗、开拓进取的时代精神，对内蒙古各族人民具有很强的凝聚作用。弘扬"蒙古马精神"，对于传承和发展优秀民族文化，建设各族人民的美好精神家园，巩固各族人民团结奋斗的共同思想基础，凝聚和激励各族干部群众同心同德、艰苦创业，共同守卫祖国边疆、共同创造美好生活都具有重要的时代意义。针对习近平总书记考察内蒙古时对内蒙古各族干部群众提出的殷切期望,自治区党委书记李纪恒强调:要大力弘扬各族人民守望相助、团结奋斗的光荣传统,大力弘扬求真务实、担当作为的优良作风,大力弘扬吃苦耐劳、一往无前的"蒙古马精神",让内蒙古这道经济发展、民族团结、文化繁荣、边疆安宁、生态文明、各族人民幸福生活的风景线更加亮丽。

经过历史的沉淀与实践的熔铸,"蒙古马精神"已融入自治区 2500 万草原儿女的血脉,成为各族群众团结奋斗、开拓进取的重要精神源泉与纽带。内蒙古自治区成立七十多年来,在党中央的正确领导和关怀下,奔向现代化的内蒙古团结稳定、繁荣发展,各民族紧密团结、努力奋斗,取得了辉煌的成就。内蒙古所走过的波澜壮阔的历史进程,所取得的举世瞩目的辉煌成就,不仅开创了中国共产党用民族区域自治政策解决民族问题的成功范例,也开创了内蒙古发展的新纪元,为国内各少数民族实行民族区域自治提供了成功范例和良好榜样。而这种辉煌成就的取得离不开"蒙古马精神"的传承,蕴含着蒙古马的特质,正是"蒙古马精神"的激励,自治区各族人民才能团结奋斗,攻坚克难,赢得一场又一场胜利。

随着时代的发展,"蒙古马精神"的内在价值和重要性日益凸显,弘扬"蒙古马精神",已经成为内蒙古经济社会持续健康发展的灵魂。伟大事业需要伟大精神,以爱国主义为核心的民族精神和以改革创新为核心的时代精神交相辉映,为伟大的"中国精神"注入了崭新的时代元素。而以"吃苦耐劳、一往无前"为主要内涵的"蒙古马精神"正彰显了以爱国主义为核心的民族精神和以改革创新为核心的时代精神的内在品质,丰富了"中国精神"的谱系。中国特色社会主义进入新时代,内蒙古又踏上新的征程,需要更加强大精神动力和支撑,这份动力就是"蒙古马精神",发扬"蒙古马精神"就是要将各族人民的智慧和力量拧成一股绳,激励和鞭策各族群众干部迎难而上,砥砺前行,尤其是打好扶贫的攻坚战。一个国家,一个民族的发展,取决于最短那块板的发展,只有将短板补齐才能够使内蒙古经济更上一个台阶,从而逐步向打造亮丽风景线的目标迈进。

《蒙古马精神》一书以此为立意,立足于阐释好弘扬"蒙古马精神"对于自治区夯实民族团结进步的政治基础、扛起守卫祖国北疆的历史重任、落实共创美好生活的时代号召所具有的重大现实意义,尝试从多个视角对"蒙古马精神"进行多层面、多角度、全方位的整体研究,以期深刻阐释"蒙古马精神"的内涵,全面阐述蒙古马精神的重大意义,系统解答新时代如何弘扬"蒙古马精神"。

全书共分五章,其主要内容如下:

第一章为"蒙古马精神"的孕育与提出。主要从历史纵深的视角对"蒙古马精神"的缘起、"蒙古马精神"的历史孕育、"蒙古马精神"的提出进行了探讨。第二章为"蒙古马精神"的丰富内涵及其价值传承。主要从"蒙古马精神"的基本内涵、"蒙古马精神"是内蒙古人民特有的奋斗精神、"蒙古马精神"诠释了人与自然和谐相处的理念进行了思考。第三章为"蒙古马精神"是兴区强区之魂。主要站在文化的视角,从"蒙古马精神"与草原文化的关系、"蒙古马精神"是各族人民团结奋斗开拓进取的重要精神源泉、建设亮丽内蒙古必须弘扬"蒙古马精神"做出分析。第四章为"蒙古马精神"是夯实民族团结进步的政治基础。主要从夯实民族团结进步的政治基础、铸牢中华民族共同体意识必须弘扬"内蒙古精神"做出分析。第五章为"蒙古马精神"丰富了"中国精神"的谱系。主要从"蒙古马精神"蕴含的"中国精神""蒙古马精神"是中华民族优良道德传统的集中体现、"蒙古马精神"是培育社会主义核心价值观的具体体现进行了探讨。

目 录

第一章

『蒙古马精神』的孕育与提出

蒙古马起源于蒙古高原,它在北方草原游牧业发展过程中扮演着极其重要的角色,发挥着不可替代的作用。蒙古马固有的特质塑造了"蒙古马精神",传承和弘扬好"蒙古马精神"就要深入挖掘它的历史积累和文化底蕴。

第一节　"蒙古马精神"的缘起

不忘历史才能开辟未来,善于继承才能善于创新。"蒙古马精神"是蒙古马创造的宝贵精神财富,是草原民族的图腾和文化象征,有着厚重的历史沉淀和人文情怀,承载着草原人民吃苦耐劳、一往无前的民族精神和时代精神。

一、蒙古马的起源及其特点

马是一种古老的动物,马的进化过程现在已比较清楚,各个地质时代都留下了马的祖先的化石。马的最古老的祖先出现于始新世(距今 5400 万年前—3800 万年前)早期,称为始新马(eohippus),其身高 25—50cm,最初有五趾,在欧亚大陆和北美都有分布。大约在距今 3800 万年前这类马逐渐发生演变,躯体开始壮大,由最初的五趾变为三趾,这时期的马叫 mesohippus。在距今 3500 万年时,mesohippus 的三趾的中趾越来越长,躯体逐渐演变成如今的绵羊那么大。到距今 250 万年时,随着漫长的演化,马的足趾逐渐消失,三趾中的中趾逐渐发达,最后只剩下中间一趾,躯体和骨骼等逐渐壮大,与现在的马相似。在蒙古国乌兰陶鲁盖发现了 2500 万年前的马化石,中国北方地区也发现了类似马的骨骼和牙等部分肢体化石,内蒙古准格尔的"三趾马"、化德的"齐家中国马"等出土文物也都是当时遗迹的证明。这些考古发现证明了三趾马是蒙古马的祖先,即蒙古野马。在这之后几乎所有北方地区陆续发现了不同时代的马化石,蒙古马广布于蒙古高原,生物学界把它们命名为蒙古马。

研究蒙古马的起源和特点得从游牧经济的形成说起,可以说蒙古马在历史上扮演着越来越重要甚至是不可替代的作用,是同游牧业的兴起和发展密切相关的。考古资料显示,新石器时代晚期的草原先民还过着以农业为主,兼营采集、畜牧业的定居生活,而且几乎整个北亚地区大致如此。新石器时代的遗址中很少有马被发现,出土马骨的基本情况不明,无法确定是野马还是家马。考古学家用碳14测年法检测出马在公元前4000年在中亚被驯化,乌克兰草原著名的斯里第尼·斯托克文化中发现马骨也属于公元前4000年,美国学者安东尼和布朗发现该马有使用嚼子的痕迹,"认为很可能早在公元前4000年前的斯里第尼·斯托克铜器时代文化中,马即被人类驯服,变成人们的坐骑了",这些结论为世界范围内游牧文化的发端提供了实物证据。徐秉坤先生在《中国古代对马的使用》一文中认为"将野马驯化作为家畜,在中国大约是在新石器时代晚期,距今4000年前",在中国北方学界一般认为公元前3000年晚期到前2000年早期,是"畜牧文化的摇篮期",畜牧经济经过一段时间的成熟和发展,特别是马匹的驯化普及以后便进入游牧业阶段了,可以说游牧文化的发生不论在长城地带还是在漠北大草原至迟也在公元前1300多年以前。在田广金、郭素新的《中国北方畜牧——游牧民族的形成与发展》一文中提到,大约在西周晚期,西辽河流域的夏家店上层文化人群掌握了驯马术,蒙古马成为人们的坐骑,人们的经济生活进入半游牧阶段,到春秋战国之交气候转向暖湿半游牧人群向周边扩散,加快了游牧化的过程,北方草原民族的游牧经济日渐形成。考古学研究也表明从距今8000—5000年前的新石器时代到铁器时代气候经历了从高温湿润到持续走低再到回暖的过程,青铜时代晚期形成了游牧经济,铁器时代的墓葬中已普遍出现了羊、马的遗骨。上述事实表明游牧业的产生离不开草原先民对蒙古马的驯化,蒙古马从蒙古高原起源,随着游牧经济的不断发

展逐渐成为人们生产生活的重要组成部分,成为匈奴、乌桓、鲜卑、柔然、敕勒(高车)、契丹、突厥、回纥和蒙古等"马背民族"的重要组成部分。

公元前 2 世纪至公元 3 世纪初,匈奴东胡时期,马已成为游牧社会不可缺少的家畜。据《汉书·匈奴传》记载尧舜以前"居乎北边,随水草而转移,其畜之所多,则牛马羊"。盛唐时期,北方各族都曾以良马进贡,如《唐会要》就记载:"突厥马技艺绝伦,筋骨适度,其能致远,田猎之用无比。"北宋时东北的契丹马也是蒙古马,说明东北三省早已分布有蒙古马。蒙古帝国被誉为"马之帝国",成吉思汗的卫队就是由精良的骑兵队组成,历史上称他是以"弓马之利取天下"的。根据《元史》记载,当时牧马地甚广,北至火里秃麻(今蒙古国以北),遍及塞外草原及南方。公元前 200 年冒顿单于在大同附近以三十万骑兵围困汉高祖刘邦七日,它的骑兵武装以马的颜色分类编队,"匈奴骑,其西方尽白马,东方尽青龙马,北方尽乌骊马,南方尽骍马",这可见匈奴"良马"的数量和品种已有相当规模。公元 8—9 世纪,蒙古人从额尔古纳河西迁斡难、克鲁伦、土喇三河之源时,马已经遍及蒙古草原。史书记载:"成吉思汗的七世祖母莫拏伦的马多到无法计算,当她坐在山顶上看到从她所坐的山顶上直到山麓大河边,遍地畜蹄。"仅札剌亦儿部,即有大牲畜七万头。"约翰·普兰诺·加宾尼于 13 世纪中叶出使蒙古时感叹道:"他们拥有如此之多的公马和母马,以致我不相信在世界的其余地方能有这样多的马。"中原政权以农耕立国,受到周边马背民族的威胁和侵扰,自战国迄明代,以修筑长城、城堡等消极手段隔绝敌方,在马政等方面采取积极手段,养马购马。汉武帝在与匈奴的战争中曾多次带回大量马匹,并任用匈奴王子金日磾为汉朝的马监,民间养马事业空前发达。西晋以后,塞外各部族相继南下,带来马匹数以万计。明朝在北方东自大宁(今承德地区)、西至宁夏皆是牧马地,并在宣化、大同等地设马市,明万历三年(1575 年)规定每年互市定额 3.4 万匹。清朝在察哈尔设左右两翼牧厂和两处御马厂,全盛时期养马10 余万匹。

蒙古马起源于蒙古野马,广泛分布于蒙古高原,是以主要原产地命名的世界古老马种之一。它兴起于人类由畜牧狩猎经济到游牧经济的过渡阶段,发展于游牧经济的发育成熟阶段,它有别于其他牲畜的速度等生理特点使它可以成为冷兵器时代作战的重要武器,它的空前的地位和影响力持续了2000多年。

蒙古草原东西跨度大,生态环境有着明显差异。海拔由东往西逐渐增高(700—1500多米),降水由东往西逐渐减少(400—150毫米),草场类型由东往西依次变差,由森林草原到典型草原,再到荒漠草原。自然生态的差异使蒙古马形成了三大类群,一是产于锡林郭勒盟的东、西乌珠穆沁旗,体格较大,体质结实,体躯粗壮的乌珠穆沁马,乌珠穆沁马是较典型的蒙古马,身体强壮抗病耐劳,善于长途奔跑,适宜作战行军,在古代战争中屡建功勋。据说,世界著名的唐昭陵六骏中就有一匹乌珠穆沁马。二是产于鄂尔多斯市乌审旗毛乌素沙地,体格较小,体形清秀,体质结实紧凑的乌审马,很有灵气的乌审马在戈壁沙地行走如飞,因此这种马很受西部荒漠草原牧民的喜爱,成吉思汗陵内那匹"温都根查干"白神马就是乌审马。三为产于赤峰市克什克腾旗百岔沟一带,体质结实,结构紧凑,体格中等,山地型的"百岔铁蹄马",有民谚:"千里疾风万里霞,追不上百岔的铁蹄马。"

蒙古马原产地是在海拔1000米以上地区,该地区冬季严寒,夏季酷热,年温差及日温差较大,为大陆性气候。蒙古马全年在纯牧区群牧条件下放牧,长期受外界自然环境的影响,能充分利用高寒草地的牧草资源,对高寒草地的生态环境条件具有极强的适应性。蒙古马因其数量大、分布广,各类型马的形成和所处生态环境条件不同,加之地理相对隔离、中性位点基因频率的漂变等使得各类型间发生遗传变异,逐渐形成了一些适应草原、山地和沙漠条件的优良类群。由于长期生活在我国北方的高寒地带,经过自然和人工选择,蒙古马形成了抗严寒、耐粗饲、抗病力强、持久力好以及适应性强等优良特性。同时蒙古马不依赖人工饲料喂养,只需在草场上自然放养,蒙古马处于半野生生存状态,它们既没有舒适的马厩,也没有精美的饲料,在狐狼出没的草原上风餐露宿,夏日忍受酷暑蚊虫,冬季能耐得住-40℃的严寒。《蒙鞑备录》称:日间未尝绊秣……随其草之青枯,野牧之至晓……并未始与豆粟之类。"蒙古马身体矮小,体格健壮,四肢坚实有力,体质粗糙结实,头大额宽,胸廓深长,腿短,关节、肌腱发达。飞节角度较小,稍曲飞,蹄质坚实。被毛浓密,毛色复杂,以青、骝和兔褐色为多。头大颈短,骨骼健壮,胸宽鬃长,皮厚毛粗等生理结构方面的特点,成为抵御北方严寒的优势,能适应极粗放的饲养管理,生命力极强,能够在艰苦恶劣的条件下生存,这一草原环境中的典型物种是游牧民族长期以来精心选育的结果,是其它的马匹不具备的,《汉书》中说"匈奴地形技艺与中国异,上下山阪,出入溪涧,中国之马弗与也。"成吉思汗在垂训中说:"马喂肥时能疾驰,肥瘦适中或瘦时也能疾驰,才可称为良马。不能在这三种状态下疾驰的马,不能成为良马。虽然体形矮小,但经过调驯的蒙古马,在战场上勇猛无比,历来是一种优良的战用马匹。蒙古马骨骼结实,肌肉充实,虽不善跳跃,但不易得内科病;运动中不易受伤,体力恢复快,耐粗饲,不易掉膘,蹄质异常坚硬,良好的肺部发育使其呼吸能适应超负荷的驮载。蒙古马的睫毛密,无眼疾,视力强于其他马种,色盲程度稍轻;关节不突出,使其更善于负重行走。《多桑蒙古史》中评价道:其马体小,外观虽不美,然便于驰骋,能耐劳,不畏气候不适。所以说,正是这样严酷的生存环境,加上自身的身体结构,造就了它们耐寒、耐旱、耐力强的特殊属性。

二、蒙古马是草原民族的图腾和文化象征

蒙古马在蒙古高原特有的自然环境的孕育下作为独立起源发展壮大,由于它有其他动物不具备的快速移动等优势,成为游牧民族生存、生产、生活的重要组成部分,由于它有其他马匹不具备的抗严寒、耐粗饲、适应力强

等优点,所以被人们所尊敬和崇拜。在这样的基础上成为草原民族的图腾和文化象征。

(一)蒙古马是草原民族神圣的图腾崇拜

在上古时代,蒙古先民在广袤的蒙古高原,马所拥有的与其他动物不同的自身价值——力量、速度及在人们生活生产中的作用,使原始的蒙古先民自然产生了崇拜心理,成为整个北方游牧民族的图腾象征,这一文化特征经过了原始氏族时的自然崇拜期、部族联盟时的人马形象的整合期,最后成为国家形成时的蒙古民族文化精神的重要象征,这在原始宗教、文学艺术等领域有充分的体现。

蒙古高原的游牧先民对马的图腾崇拜远远早于驯服和畜养马的历史。强悍有力、疾驰如飞的马被处于原始思维时期的游牧先民认为是"苍天"(最高的神灵)派生到人间的天神,他们认为"苍天"造化世间万物,又派出诸多的天神,这就是我国北方各民族中普遍信奉的"萨满教"中所提及的"九十九个天神"。所谓的"九十九个天神",包括火神、山神、吉雅其神(动物保护神)、马神等。当时的人们认为,马肩负着人类与"苍天"之间沟通心灵的使命,是通天之神灵,在任何形式的祭祀天地活动中,马及马奶等都是不可缺少的主要"道具"。在鄂尔多斯草原流传着一个美丽的传说:"从前草原水草肥美,牛羊成群,但没有马,天上的仙女将宝钗摘下来,宝钗落到半空,天空被炸开一道缝隙,眨眼间成群成群神奇俊俏的动物降到草滩上,神蹄落地即形成草原上前所未有的一股巨大的狂飙,它们奔跑如云,体态高大,人们称这种神奇的动物为马。于是,美丽的草原就出现了"追风马""千里马""流云马"等各种各样的马。这则传说也传达了这样一个信息,马是从天上降下来的,是具有神性的动物,是与天界沟通的中介,可以帮助人到达天界。

古老的马殉葬仪式就源于蒙古原始先民的图腾崇拜与"通天神灵"的灵魂意识。考古学者曾在鄂尔多斯高原发掘出多处马殉葬墓穴,蒙古英雄史诗《江格尔》也有关于洪格尔在出征的路途,将"棕色无驹骒马牵到山坡宰杀后祭祀故土山水"的记载,在一般情况下,蒙古人没有杀马食肉的习惯,蒙古人在杀马之前,还进行一番祷祝:"不是有意拿刀屠宰,是绕在系绳上勒死命乖。不是有意殴打伤害,是缠在缰绳上难脱大灾。望你下辈子变马驹,在你归天之地生出来。"在古代人的意识中,把自己所崇拜的东西当作祭品,才能使上苍或神灵愉悦。据《元史》载,蒙古人郊祭用马,冬至祭"用纯色马",七月祭亦用马。而且,祭祀者必须"衣以白衣,乘以白马,坐于上座而行祭"。《多桑蒙古史》记载:"人死……及葬,则在墓旁以其爱马备具鞍辔,并器具弓矢殉之,以供死者彼世之用。若诸王死……及葬,则并此帐与牡马一、驹一、并具鞍辔之牡马一,连同贵重五品,置之墓中。"在蒙古帝国贵由汗时期,来蒙古高原的欧洲人普兰·卡尔宾在他的《蒙古史》中对屠马殉葬习俗也做过较详细的记述。他们认为同马一起下葬能把自己带入理想的天堂,继续受到马的保护和恩惠。13世纪,金帐汗国的蒙古人以及楚瓦什人,祈祷天神腾格里时必用马来祭奠。将马宰杀后,把马头与马皮挂在树上,把马血泼在树干上,然后祭者围绕树手拉手向上苍祈福。杜尔伯特草原的蒙古人,有宰马祭山的习俗。每当祭典,将骊马四腿捆绑,马头朝向山峰,用利斧劈面而杀,使马头的血浆喷向山峰,以示血祭。尤其在蒙古人死后,用马来殉葬一度被视为时尚。这种做法是人们"灵魂永在"观念的产物,认为死者到另一个世界,既有帐幕住,又有肉吃;既可以喝到马乳,又可以有马骑。他的马匹也能繁殖,并且可以像生前那样富有。当葬礼结束时,还要死者的亲人骑一匹马,围绕墓地范围急驰,直至马筋疲力尽而倒毙,然后人们用马奶酒将马头冲洗,把马的骨头与五脏六腑全部掏出来,马皮里塞满柴草,恢复马的原状,用一根木杆从腹部穿至马头,然后将木杆立于墓前,将整个马皮高高悬起,取悦于天神。威廉·鲁不鲁乞曾目睹了这一习俗,在他的《东游记》中记载道:"我看见,在一个最近的死去的人的墓上,他们在若干高杆上悬挂着十六匹马的皮,朝向四方,每一方四张马皮。"葬马的习俗后来还演变为悬祭马鬃，牧人将自己逝去的马的鬃毛留下一撮，用绳索悬至蒙古包内"陶努"(顶端)的一种习俗，蒙古人平时路过敖包时不会随便走过，到敖包前必须下马，剪下一绺马鬃或马尾拴在敖包杆、绳索上以示祭奠，最后再跪拜祈求富贵、平安，此处采用的是象征手法，剪下马鬃、马尾处的毛便意味着宰杀了自己的马匹祈求上苍保佑。

蒙古马是蒙古民族神圣的图腾崇拜。除了葬马还有圣选神马、供奉溜圆白骏、祭祀禄马风旗等表现形式。圣选神马是先民们认为牲畜是上天赐给的，上天也要派神马来管理畜群。在草原牧区，每一个苏鲁克(群)都要选一匹神马来主宰这群马，选神马时要举行隆重的仪式。这种仪式过去由萨满主持。神马不能有一点残缺，必须是全鬃全尾，毛色整齐，没有杂毛，没有任何伤痕，并且是没有使役和乘骑过的骏马，神马不准乘骑、不准使役、不准套训、不准挽车、不准咒骂、不准鞭策和驱赶、不准转送或买卖，直到老死再选新神马为止。著名的成吉思汗陵八白室中有一室专门祭祀成吉思汗溜圆白骏画像，溜圆白骏蒙古语称呼为"萨日乐·呼鲁格"或叫"温度根查干"。溜圆白骏，就是一匹白色健壮的骏马，是成吉思汗曾祭奠过的苍天赐予的神马。选择标准是从当年成吉思汗时代的蒙古马种中选择二岁小马，溜圆白骏必须是"眼睛乌黑，蹄子漆黑，全身毛色纯白，多少带一点粉白而闪光，不能有一缕杂毛"。溜圆白骏放牧在准格尔旗布尔陶亥草原上，不容许任何人骑，不准任何畜群干扰，到它衰老时，由官方下达公文，从相貌特征相类似的二岁白马中推选顶替。每年农历三月二十一日春祭大奠，即查干苏鲁克大祭，出游八白宫时，把溜圆白骏也牵来系在金马桩子(阿勒坦嘎达斯)上，大家要向它叩拜。距离鄂尔多斯草原较远的部落，不能到现场祭祀白骏时，在自己所在草原或蒙古包里写一个神牌进行祭奠。祭祀禄马风旗，蒙古语叫"黑毛力"，一般译为"运气之马"，也称"天马图"，其原形是，在蔚蓝的天空中，飞驰着一匹骏马，骏马的右上方镶嵌着一轮红日，左上方吊挂着一轮明月，左前蹄踏着一只猛虎，右前蹄踩着一只雄狮，左后蹄蹬着一尾蛟龙，右后蹄踏着一只彩凤。把这幅画镶上狼牙边，然后门前筑一个祭台，祭台中央竖一根旗杆，把《天马图》悬挂在旗杆顶上，随风飘荡。有的地区竖两根旗杆，杆与杆之间以绳连接，把《天马图》拴在绳上，两侧配以蓝、白、黄、绿色彩旗。每月初一日，要在祭台上烧柏叶香，以示祭祀。《天马图》反映了游牧时期驯养的马起主导作用，游猎时期的禽兽居于从属地位。《天马图》过渡形态的画面是，一匹扬鬃翘尾的骏马，正在绿色草原上飞驰，原有的禽兽已全部消失，反映了完全过渡到以牧为主的社会形态。喇嘛教传入蒙古地区后，《天马图》增加了一些宗教符号，如"轮王七宝""佛堂八供"等。禄马旗还刻有藏文咒语，通常为："嘛，咳咳，具有神奇而充沛的力量，无上珍贵的宝驹，智慧的禄马兴旺！全速飞奔的禄马兴旺！愿生命、肉体、机缘并一生的福禄发扬光大，骏马与猛虎、雄狮、凤凰、飞龙一样兴旺发达！愿一切聚敛来归。金刚阿尤希苏恒。由于喇嘛本尊稀世高僧赐福之效。生命、肉体、机遇、福祚、人畜、食用，皆遂心如愿。愿禄马相应的诸般机会如同福海一样宽广。"

到部族联盟时的人马形象的整合期，图腾崇拜出现了蒙古先民祈求多产丰收等朴素崇拜的特点，诺·加宾尼的《出使蒙古记》记载，埋葬时，同时古老的挂拜马乳房民俗与悬祭马鬃民俗的相继产生，实际上同上述观念均大同小异。有关挂拜马乳房民俗，13 世纪曾来过蒙古地区的欧洲旅行家威廉·鲁布鲁乞在其游记中说："在蒙古包就座时有男方在右侧、女方在左侧之习俗。妇女就座的左侧门楣旁和男士就座的右侧门楣旁分别挂着牛乳房和马乳房的造型物。这些造型物是挤牛奶的妇女和挤马奶的男士们的崇拜之神。"自古以来，马在蒙古民族的生产和生活中始终扮演着重要的角色。长期的生产、生活经验及历史实践和马对蒙古民族的功绩，造就了蒙古人尊马、崇马的思想观念，对于蒙古族来说，马是人类战胜自然的有力工具。蒙古族自从与马结缘后，便在马身上寄托和传承着美好的理想和追求。他们常常赋予马一种超自然、超现实的力量而加以神化并崇拜，祈求得到它们的保护和恩赐。蒙古马既是蒙古民族神圣的图腾崇拜，也是蒙古民族文化精神的重要象征。

(二)蒙古马是草原民族文化的重要象征

蒙古马能跑善战,耐力极强,从原始蒙古先民马崇拜开始,人与马之间自然形成了生产生活、风俗习惯、思维定式、审美情趣与追求等诸多文化现象,马是美的化身,是忠实的伙伴,草原人民把马当作自己的生命,视马为自己的亲人,基于这样的文化现象和情感,蒙古马成为蒙古民族文学、艺术等领域的主要题材,成为蒙古民族文化的重要象征。

在文学领域有游牧先民对马崇拜的巫术咒语、祭词和赞词,也有在大型史诗《江格尔》中几乎整篇关于人与马的故事;有诗歌传说中对于蒙古马情感的鲜明的歌颂,也有《蒙古秘史》中蒙古马精神的隐形表现。在祝赞词中对马的描写和形象比喻达到了惟妙惟肖的程度,如:前额上面有个太阳/太阳里有个太阴/脖颈上系着龙王的章嘎/胯骨上打着经师的烙印/大象般的头颅/鱼鳞般的腭纹/苍狼般的双耳/明星般的眼睛/彩虹般的长毛/丝绒般的顶鬃/每个关节上长满茸毛/每根茸毛上流彩溢金/这匹天造地设的神驹宝马哟/把那美味珍馐抹上你的脑门。还有如:它那飘飘欲舞的轻美长鬃/好像闪闪发光的金伞随风旋转/它那炯炯发光的两只眼睛/好像一对金鱼在水中游玩/它那宽阔无比的胸膛/好像滴满了甘露的宝壶/它那精神抖擞的两只耳朵/好像山顶上盛开的莲花瓣/它那宽敞而舒适的鼻孔/好像巧人编织的盘肠/它那潇洒而秀气的尾巴/好像色调醒目的彩缎/它那坚硬的四只圆蹄/好像风掣电闪的风轮……在民间传说中曾有这样的人马情感渊源的描述,"尘寰形成之后,人类使用工具长期劳动,四肢两端双双地分化成手和脚。然而,跑起来远不及四条腿的动物,成了常受袭击的受气包。蒙古人无可奈何,想借助一种善跑的动物来逃脱各种危险。他们首先看中了老虎,可是骑虎难下不说,反把自己喂养的几头牛给他当了干粮,还有把自己搭进去的危险。便想了想:"迦,算了吧!"放弃了对老虎的指望。有一天,蒙古人看到一匹马被野兽追逐得万分危急，就地拿起木棒与野兽对抗，几经打斗，把马从险境中解救出来。于是，马对人感激不尽，说："不忘你给我的再生之恩。"之后又有一天，森林遭受火灾，人和马相随逃避，可是人凭两条腿跑得太慢，而大火马上就要扑来。紧急时刻，聪明机敏的马对人说："快骑到我背上吧！"人跨上马背，马急速逃奔出来，最后，人和马都保住性命。从此，蒙古人和马成了相依为命的朋友。"

长篇民间叙事诗《成吉思汗的两匹骏马》以拟人化手法，讲述了成吉思汗的坐骑生下的两匹小骏马在成长过程中与人之间悲欢离合的真挚情感故事。如："在那隆重的赛马大会上，我将骑什么好马去参加竞赛；当举行盛大围猎时，我将骑什么骏马出猎。当那狂妄的敌人猖狂进犯时，我将骑什么骏马。你们回来吧，我可爱的两个骏马""君主骑着两匹骏马，去到阿尔泰山打猎，两匹骏马的神速，博得了十万猎人的同声称赞，在胡惠罕山行猎时，猎获了数不尽的野兽，赢得了众多人的一片赞扬，从那时候起，两匹骏马心神安定，开始过着幸福的生活""圣主成吉思汗，给小骏马佩戴了彩带，命名它为'神马'，任其自由奔腾"。在英雄史诗《江格尔》中几乎篇篇都有对骏马的歌颂以及马和主人公同甘苦、共命运的战斗传说。如对骏马的歌颂："身高像一座山/耳大像一只船/脑袋像丘陵/后胯赛平原/眼睛像湖泊/嘴大像深渊/鼻子像高峰/牙齿像半座山/尾长有千庹/脊峰像沙原""著名的骏马/人们把它和野鹿相提并论/它的身躯比阿尔泰山、汗腾格里低不了几分/光溜溜的脊背/如同野驴背一样/蓬松的鬃毛/像火焰在风中飘动/长长的颈脖/好似野鸭的脖子/一眨眼间能踏遍大地的东南西北/从不知道什么劳累困顿。"描述马飞驰的速度如："刚披下后襟/就驰过了十座山岭/刚披下前襟/就跨过了七座山峰/比出弦的箭还快/比飞旋的雄鹰还猛/除了它的尾巴一切都被它拉下/除了它的影子什么都追不上它。"史诗中蒙古马的形象集兽性、神性和人性于一体。它们不但同英雄一样勇敢、坚强，具有高超的智慧，而且往往在关键时刻成为英雄的救世主和启蒙者，成为最后战胜恶魔的决定因素,如圣主江格尔对自己坐骑说:"帮我征服莽古斯,让我江格尔名扬天下的神驹阿仁,我待你不是胜过我的爱妻吗? 我爱你不是胜过我的爱子吗? 你和洪木尔一样,都是我江格尔的命根子。"如:坐骑红沙马"尥着蹶子,往下跳一千八百下,往上跳一千八百下,折断了顶住人马脖颈的五千支矛尖,驮着主人冲出重围一次"。在这些史诗中,英雄与蒙古马是以整合形象来体现的,这也反映了蒙古马已经在人类的意识形态领域占据了重要位置,蒙古马在人们心中已经充分体现了勇敢坚强的精神。13世纪反映蒙古民族生活的巨著《蒙古秘史》中的马形象的表现形式同史诗《江格尔》大相径庭,作品中人马整合形象已不复存在,取而代之的是将马作为一种抽象的精神理念,通过英雄的自身塑造来加以体现。《蒙古秘史》中有关马的具体表述既涉及物质生产生活领域,又涉及精神文化领域。马的各种生物特性以及马在游牧部族生活的重要性使马占据了古代蒙古族日常生活及社会生活的几乎所有方面。全书文中没有出现有关马的具体文字,但书中所涉及的放牧、迁徙、围猎、作战、拜访、奖赏等一切活动也都离不开马。《蒙古秘史》中被誉为成吉思汗的四匹骏马的四位英雄的形象(指孛斡儿出、木合黎、孛罗忽勒、赤剌温),这时候的马在作品中仅作为一种坐骑出现,但马的精神在英雄人物的身上得到体现。随着人们认识自然不断深入,蒙古文学中的马形象也从具象趋于抽象,从夸张到含蓄,从表象上升为精神。

蒙古族对马的称谓也蕴含着极其丰富的文化内涵,马称谓中体现出了早期先民对色彩的辨析能力和意识、思维特性和性格特点,在蒙古文里,单是形容马的毛色的字词,就有上百种之多。除黄、红、黑、花斑、白、花之外,还有形容马的专用字词,如海青、铁青、云青、青红、枣红、枣骝、沙毛、银鬃……同时还要再进一步细加形容,黑鬃的海青马,碧眼的黄骠马,粉嘴的花斑马,还有白额头的沙毛马,等等。在蒙古族语言中不少动植物、昆虫、天体等词汇均与马有关。对于动物称谓有"马燕—雨燕""马蛙—青蛙""马蟋蟀—油葫芦""马蚱蜢—大蚱蜢";植物方面,"马蒿—黄花蒿""马柳—红柳"

"马蹄草—荷花叶""马花—野茨菰";在日常生活中,蒙古族习惯把暴性子人叫作"生格子马",把温顺听话的人称为"马尾巴",把狂妄不听劝告的人比作"野马"或"烈马"。更有甚者,有些人把上厕所说成"看马去",以显示自己高贵的身份和修养。蒙古人对马的感情,有时达到令另一民族难以想象的程度,比如马粪,据说蒙古牧民把两岁马的粪视为吉祥昌盛的象征。在蒙古包的内壁,往往挂着两个拴在一起的干马粪蛋,他们相信这样就会马群兴旺、财源滚滚。与此类似的是,我们看到,在《江格尔》的一些唱段中,让最高贵、最美丽的女人江格尔夫人阿盖戴着"马类一样大的耳坠",可见马粪在蒙古人心目中的地位。

在艺术领域有一种典型的乐器叫马头琴,它的琴首以马为标志,琴箱上包有马皮,弓弦是用马鬃、马尾做成的。能弹奏出马的嘶、鸣、叹、哀等各种声音。据说古时候在蒙古草原,每诞生一把马头琴,都要举行隆重的仪式,仪式结束后,牧人就开始举行马头琴试奏音乐会。马头琴的演奏中既有舒缓的抒情内容,也有活泼轻快的甚至是激昂雄伟的内容。关于马头琴的产生有一个凄美的传说,相传很久以前,科尔沁草原上有一个蒙古族小伙子名叫苏和,他有一匹心爱的小马驹,浑身雪白,皮毛像缎子一般光亮,体态如飞鹿一样优雅。小马驹在苏和的爱护下很快长成充满灵性的大白马,而且通晓人性,与苏和日夜相伴。在一次赛马大会上,苏和骑着白马夺得冠军,有权有势的诺彦王爷非常嫉妒,硬是派人把白马夺走了。苏和失魂落魄地想念着白马,而白马也不吃不喝思念着主人。一天,诺彦王爷想在亲戚面前炫耀一番,就骑上了白马,白马的前蹄猛然间腾空而起,把诺彦王爷摔了一个"倒栽葱"。白马挣脱缰绳飞奔而去,诺彦王爷骑马紧追,并射出几支毒箭,白马中箭后挣扎着跑回苏和身边,死在了主人怀中。苏和失去心爱的白马痛苦万分,日夜守在白马身边不肯离去,一天夜里,他梦见白马向他欢快地跑来,并对他说:"我亲爱的主人,你这样想念我,就用我的骨头、皮子和尾巴做一件乐器吧,那样我就能够永远陪伴在你身边。"于是,苏和就听从梦中白

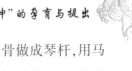

马的吩咐,用马的头骨做成琴箱,蒙上一层马皮,用马的腿骨做成琴杆,用马的肋骨做成琴弓,马尾做成琴弦和弓毛,并按照白马的模样雕刻了一个漂亮的马头安装在琴杆的顶端,制成了草原上的第一把马头琴。

从古到今在歌曲、舞蹈、绘画、雕刻等领域随处可见马的题材,这也体现出蒙古马已然同人们的思想分不开了。在游牧先民尚未驯养马以前,马的形象已被刻磨在岩石峭壁上,从造型上来看,基本以写实的手法表现出了野马的形体,但耳朵、尾巴和生殖器官等明显超出实际比例,有人为夸大的因素,表示出当时人们对野马的神秘之处的一种理解与认识,除此之外,早期岩画中人马同现的画面及人在马(有独马,也有群马)前舞动的场面,表现出当时人们渴望接近野马,及人与动物相互沟通的心理愿望。牵马、猎马、骑马(无鞍具马)、牧马等岩画的出现反映出蒙古先民驯马养马的一段生动的历史经历。岩画中还出现了有抽象的、怪异形体的马形象,如以马身为主体,把蹄画为爪,身上画有圈状斑文的马;身为马、头似犀牛,身长、尾脚明显见短的马等,这是当时人们赋马以多种动物为一体,对马的神奇与力量加以崇拜的结果。诸多北方游牧民族的古墓壁画中,马的踪迹和形象无时不在,无处不有。北方游牧民族几乎与中原同时步入青铜时代,在青铜纹饰上,鄂尔多斯青铜从冠饰到戎器柄饰均有栩栩如生的马的造型。夏家店上层文化金属马具的普遍出现表明了人类驯养马匹已经有一段不短的历史。在内蒙古和邻近省区古墓壁画中马的踪迹和形象也是无处不在,在夏家店上层文化的南山根3号墓和102号墓出土有著名的"骑士追兔纹铜环"和"驾车狩猎纹骨饰牌",前者画的是骑马猎人在前后追堵猎物,后者是在一骨牌上刻画两辆单辕双马战车,带着两只猎狗追逐几只鹿,这是当时生活的生动写照。不同的艺术形式都反映北方游牧民族与马的密切关系。

在体育竞赛领域,赛马套马等活动是重要文化活动,赛马活动的一项重要程序是对获得冠军的马加以赞颂和祝贺。当冠军马飞驰至终点时,人们要给这匹马披挂彩带、哈达,洒注鲜奶,高声赞颂。赞词极具诗韵,生动优美,如《骏马赞》,"它那飘飘欲舞的美丽长鬃,好像闪闪发光的金伞随风旋转;它那炯炯闪烁的两只眼睛,好像一对鱼儿在池塘中游玩;它那宽阔无比的胸膛,好像盛满甘露的宝壶一般;它那精神抖擞的两只耳朵,好像山顶上盛开的两朵莲花瓣;它那震动大地的嘶鸣,好像动听的海螺发出的呼喊;它那宽敞通畅的鼻孔,好像姑娘编织的盘肠一段;它那潇洒飘逸的尾巴,好像绚丽的彩绸一样灿烂;它那硕大的四只圆蹄,好像风驰电掣的车轮在飞旋。它全身汇集了'八宝'的图案,这神奇的骏马呀,是我举世无双、独一无二的伙伴。"蒙古人还有许多与马有关的节日,如:赛马节、马驹节、马奶节、神马节等。蒙古族小孩子到七八岁时,要在大人的带领下举行"男孩骑马礼",以示成年。

值得一提的还有,由于游牧先民对马的崇拜,特别是马被驯养并成为人们赖以生存的重要伙伴后,马民俗随之形成。它所涉猎的范围如打马鬃、酿奶酒、烙马印等生产民俗,还有拴马、跑马、赛马、马上技巧等游艺民俗。就以马用具的产生和发展而言,它对整个人类文明进程的发展起到了重要的推动作用。蒙古马用具一般可分为基本用具和辅助用具,所谓基本用具,是指直接用于马身的用具,包括:马鞍、马锤、马笼头、马绊、鞍鞴、鞍鞒等;辅助用具是指随马的驯养管理而产生的,马鞭、套马杆、夹板(骟马用具)等。在人们开始驯养马时发明了马笼头,当人们开始跨上马背驭马行驰时马嚼子随之产生,据有关考古资料显示马嚼子最初为木制或骨制,随着青铜和铁的产生,出现了青铜或铁嚼子,马嚼子的诞生也意味着游牧先民骑乘时代的到来,这加速了社会的进步,具有划时代的意义。马鞍最初的原型叫"驴座",在公元前1350年前的埃及古墓中发现了一个木雕骑马像,便是目前所知最早的"驴座"实例,在许多年后人们才开始在马背上置鞯备鞍,在中国带有鞍鞒的马鞍始见于西汉末年(公元前1世纪后期),晋代时(3世纪末—5世纪初)已广泛流行。在内蒙古出土过"卧鹿缠枝牡丹金马鞍"和"龙凤纹镂雕金马鞍",其做工精细,工艺考究。有了马鞍后马镫随之产生,马镫起先为绳索或木制、骨制，到青铜或铁器时代有了金属马镫。据研究，我国北方游牧民族是世界上最早发明马镫的民族，后随着游牧民族的南北跨域征战，马镫才传入欧洲和我国中原，人在马背上只有有了马镫才有可能解放自己的双手，依靠自身的腿部力量长时间进行迁徙与征战。

对于蒙古人来说，骏马是诉说不尽、抒写不完的永恒的对象，永恒的主题，爱马赞马是需要抒发并且是永远抒发不完的情结心声。马寄托着蒙古人的民族精神、民族情感，马记述着蒙古人的审美体验、审美理想。蒙古马在其民俗中存在范围也非常广，这与"马背民族"的特殊文化有很大的关系。马本身所具有的生物学特征是人所望尘莫及的，没有马蒙古族的游牧生活无法维持。在马背民族心中，马已不是普通的动物，而成了一种圣物，一种包含着能激励人生的丰富内容的精神形象，一种美好人格的象征。马既满足了蒙古族牧民物质生活的需要，又满足了其精神生活的需求，是蒙古族文化形成和发展的源泉。蒙古马特有的优秀品格使它成为蒙古民族神圣的图腾崇拜和民族文化精神的重要象征。从单一原型的氏族图腾发展到民族文化的图腾，体现了人类物质和精神文化的发展，"蒙古马精神"也在长期的历史长河中逐步孕育。

三、蒙古马与"蒙古马精神"

蒙古马在蒙古高原起源并伴随着游牧经济的产生而发展，是游牧民族赖以生存生产的物质基础之一，到北方各游牧民族建立政权，它发挥了越来越重要的作用，蒙古马张扬了草原民族的威风，增强了草原民族的力量，开拓了人们的视野，推动了世界的文明。蒙古马身上所代表的精神也逐渐孕育形成，从宗教文学艺术上的崇拜马歌颂马到新时代习近平总书记用"蒙古马精神"激励内蒙古广大干部群众，"蒙古马精神"从蒙古马创造的宝贵精神财富成为新时代草原人民民族精神和时代精神的体现。

（一）"蒙古马精神"是蒙古马创造的宝贵精神财富

蒙古马是"蒙古马精神"的载体，作为草原民族的第一牲畜，马既是草原人民平时生活的朋友，又是战时的亲密战友，这种超然于其他家畜的特殊地位，使得蒙古马的固有特质与草原民族的精神特质紧密相连，成为宝贵的精神财富，可以说蒙古马对各种严酷环境的适应度、对草原民族的生活和战时的巨大支持度，成就了草原民族的兴旺和发展。"蒙古马精神"就是不畏寒暑、不惧艰险、坚忍不拔的精神，知难而进、无所畏惧、勇往直前的精神，刚烈剽悍、赤胆忠心、忠于职守的精神，默默承受、无怨无悔、英勇拼搏的精神。

概括起来，"蒙古马精神"具有以下特质：

勇敢。内蒙古有"千里疾风万里霞，追不上百岔的铁蹄马"的说法，据资料记载，驯化的蒙古马常常肩负着转牧场、踏坚冰、战疆场的重任，它的足迹遍布了整个北方大草原。成吉思汗与扎木合之间的"十三翼之战"，双方出兵6万，而动用的马匹达到了20万，"凡出师，人有数马，日轮一骑乘之，故马不困弊"，可以说庞大的马匹储备和机动的骑兵战术是成吉思汗及后人可以远征到欧洲的重要因素。在近代史上，内蒙古的骑兵师也是依靠蒙古马肃清了草原残匪，取得了赫赫战果。

坚强。蒙古马爆发力虽不及其他马种，却有顽强的耐力，在长期征战、长途的驿站传输、恶劣的天气等特殊任务和环境中，只有蒙古马能担此重任。据记载，蒙古马有一种特殊的"走马"步伐，能够保持同等的速度日夜奔袭，它可以毫不嫌弃地吃任何异地草原和品质极差的粮草，这使得它在战场上能保存充沛的体力。

忠诚。古老的谚语中这样描述草原人民对马的深厚感情："蒙古人没有马，就像人没有手脚。"也许正是人对马的依恋使得马也用同样的感情忠于自己的主人，因此，马被称为"义畜"。蒙古族长篇英雄史诗《江格尔》这样描述："英雄洪古尔被毒气熏昏在敌人的宫顶上，危在旦夕。它的坐骑急中生智,抬起钢蹄不停地跺地,使大地摇晃,宫顶欲坠,将主人震醒。"著名的歌曲《蒙古马之歌》这样传唱:"护着负伤的主人,绝不让敌人靠近;望着牺牲的主人,两眼泪雨倾盆。"另据文献记述,蒙古族著名作家尹湛纳希在返乡途中不幸落马,昏厥之际,他的坐骑与两只狼殊死搏斗,最终成功地保护了主人。文学创作中的马虽高于生活,有创作化艺术化的升华,但马的灵性和忠于主人的特性是不容怀疑的。

奉献。战场上、旅途中、田间、赛场上都有蒙古马的身影,它堪当重任又甘于奉献,毫无怨言。据史籍记述:"饮马乳以塞饥渴,凡一牝马之乳,可饱三人。"在相当长的历史时期,马奶是游牧民生存的依靠。另据记述,在游牧民族征战途中遇到食物补给不足的状况下,士兵们可以刺穿马背部中的静脉吸取马血,暂时缓解饥饿。

(二)研究"蒙古马精神"要把握历史逻辑和时代声音

研究蒙古马文化的目的,并非是让人们去接受对马崇拜的祭祀形式和思维模式,而是通过揭示其文化现象来继承和发扬传统的优秀文化遗产,为今天的精神文明建设服务。事实上,经过漫长的历史变迁,原有古老而陈旧的一些传统已随着社会的进步被人们所扬弃,随着时代的进步,许多具象的文化现象已被象征的文化形态所代替,要传承弘扬好蒙古马身上承载的精神就要加深对"蒙古马精神"历史意义和时代价值的认识,把握"蒙古马精神"的历史逻辑和时代精神。"蒙古马精神"的历史逻辑可以放在大历史观下去解读,把蒙古马的驯化与游牧方式的产生讲清楚,把蒙古马的特征与草原各民族的发展讲清楚,把蒙古马的作用与游牧业的发展讲清楚,把草原人民对蒙古马的感情与图腾崇拜和文化象征讲清楚,把蒙古马精神孕育的环境条件、实践基础和历史背景讲清楚。今天的蒙古马已从古老的图腾崇拜变为一种文化的象征和精神的体现,如果我们不去追溯其历史的渊源、揭示其传统的文化现象,就很难真正了解蒙古马所涵盖的深层的文化底蕴,也就很难真正揭示马背民族的精神实质,讲好蒙古马的故事才能弘扬中国的"蒙古马精神"和蒙古马的"中国精神"。

对于"蒙古马精神"时代价值的研究可以说是从自然价值上升到文化价值再到精神价值的研究,"马背民族"在漫长的历史进程中已经把马与他们的生产和生活紧密联系在了一起,在严酷的生存环境中铸就的品格和精神值得我们在新时代继承和弘扬,在守好少数民族的精神家园、打造北疆亮丽风景线、传承"模范自治区"的优良传统的重任下,"蒙古马精神"的培育和弘扬具有了时代的价值。2014年,习近平总书记在内蒙古考察时提出:"干事创业就要像蒙古马那样,有一种吃苦耐劳、一往无前的精神。"习近平总书记的重要讲话是对"蒙古马精神"研究提纲挈领的指导,是对新时代如何掌握草原文化话语权做出的重要指示。关于"蒙古马精神"的研究成果在习近平总书记重要讲话之后不断涌现,如培育"蒙古马精神"的路径、马文化的研究等,在第二届中国马文化节暨首届内蒙古国际马文化博览会提出的关于蒙古马精神的系列丛书将会成为系统研究"蒙古马精神"的重要成果。"蒙古马精神"虽然在我国草原文化研究过程中没有被专门作为一项民族文化精神去研究,但它作为草原文化的一部分有草原文化最根本的精神基因,草原人民最深层的精神追求,它的精神内涵和草原文化的核心理念是一致的。科学意义上的草原文化研究在国际上始于20世纪中期的游牧文化研究,中国学者是在21世纪后提出"草原文化"的概念,将草原文化作为整体的研究对象的。2004年,内蒙古"草原文化研究工程"被列为国家哲学社会科学基金特别委托项目之后,草原文化研究在国家和自治区大力支持下取得了引人注目的成就,在"内蒙古自治区第五届草原文化研讨会暨第三届红山文化国际高峰论坛"上,时任自治区党委宣传部部长乌兰对草原文化核心理念概括为"崇尚自然、践行开放、恪守信义"这样三句话十二个字。

今年是中华人民共和国成立70周年,伟大的梦想需要我们保持高昂的势头将伟大斗争进行到底,在中国共产党团结带领各族人民进行革命、建设和改革的伟大实践中和新时代推进中华民族复兴伟业、助力亮丽内蒙古建设的发展进程中赋予了"蒙古马精神"更为重要的时代价值,"蒙古马精神"具有广泛的情感认同和影响力,时代的发展需要"蒙古马精神"继续激励和鼓舞内蒙古各族各界干部群众继续艰苦奋斗、开拓进取。习近平总书记在考察内蒙古时提出守望相助、艰苦奋斗,把祖国北疆这道风景线打造得更加亮丽的殷切期望,守望相助是新时代培育和弘扬"蒙古马精神"的前提和基础,亮丽风景线是动力和目标。着力培育和弘扬"蒙古马精神"既体现了内蒙古各族人民共同铸造的传统美德,又体现了全区各族人民艰苦奋斗、开拓进取的时代精神,具有重要的时代价值。

第二节 "蒙古马精神"的历史孕育

马克思明确指出:"物质生活的生产方式制约着整个社会生活、精神生活的过程,人们的社会存在决定了人们的意识。""蒙古马精神"作为草原民族的一种共有的社会意识,它的孕育自然也受到了地理环境、人口因素、生产方式、历史背景等方面的制约。

一、"蒙古马精神"萌芽的环境条件

自然地理环境是社会生存和发展永恒的、必要的条件,是人们生活、生产和精神文化的自然基础。特殊的地理环境决定特殊的生产方式,特殊的生产方式又产生特殊的文化类型,文化的发展中就会有精神的形成和提出。俗话说:"百里不同风,千里不同俗。"由于所处的地理环境不同,形成的不同的文化风俗,表现出文化风俗对自然环境有很强的适应性和选择性。人与自然关系是十分密切的,他们不仅从自然界获得赖以生存的生活资料,而且和自然界发生精神上的联系。发生的精神上的联系是文化的起源，也是精神的起源。任何民族的文化，都是该民族群体长期劳动创造及智慧的结晶，其优良部分不仅有利于本民族的发展，而且是全人类的共同财富。同时，一个民族的文化，塑造了一个民族的精神、品格、价值取向、思维方式、风俗习惯等，它们是一个民族生存发展必不可少的因素。

据考古学研究表明，北方草原从新石器时代开始还经历了畜牧—游牧化的过程，之后相继出现了一系列游牧民族。距今 8000—5000 年前，北方草原处于高温湿润期，今内蒙古南部出现了比较发达的原始农业，而中亚一带人们从事着狩猎和采集经济。公元前 3 世纪中叶，蒙古高原东部也出现了原始农业。与这些原始农业相伴随，牲畜饲养业也得到发展。在我国北方距今 4300 年前的降温事件发生后，朱开沟文化开始发展起来，其前三个阶段农业继续发展；但随着气温继续下降，朱开沟文化四段农业开始衰落，畜牧业呈现上升趋势；至朱开沟文化第五段，半农半牧经济格局形成。此后，干冷气候持续发展，朱开沟文化南下东移。在朱开沟文化等的影响下，西辽河流域出现半农半牧的夏家店上层文化。大约在西周晚期，夏家店上层文化人群掌握了驯马术，马成为人们的坐骑，夏家店上层文化人群的经济生活随之进入半游牧阶段。春秋战国之交，气候转向暖湿，半游牧人群向周边扩散，加快了游牧化过程，北方草原民族的游牧经济日渐形成，之后鄂尔多斯式青铜器文化"桃红巴拉类型"人群与部分"西戎人"融合，形成了匈奴等一系列游牧民族，他们以游牧牲畜为主，蒙古马成为重要的生产资料，蒙古马作为游牧经济和骑兵队伍的重要组成部分，在这样的游牧圈逐步发展壮大，"蒙古马精神"也在游牧文化的形成和发展中孕育而生。

蒙古高原地处亚洲大陆干旱半干旱内陆地区，北抵唐努山、萨彦岭、肯特山和雅布洛诺夫山；南达祁连山、贺兰山、阴山山脉；西与阿尔泰山毗邻；东至大兴安岭。干旱少雨、季节变化反差大，旱灾、雪灾、风灾交替频繁出现等诸多自然环境特征决定了历史上生息繁衍于这个地区的各民族的生产方式和精神文化。蒙古高原位于欧亚大草原的东部,从生态的观点看,其地貌以海拔 1000—1500 米波状起伏的高原为特征,以干旱草原为核心,温带草原占绝对优势,常年少雨。在地理上蒙古高原以南大致以阴山山脉为界与汉民族中原文化隔开,东部以绵延的大兴安岭为界与东北白山黑水间的女真文化隔开,西南部以阿尔泰山为界与羌藏山岳文化隔开,以北与西伯利亚草原连成一片,以西与广大中亚草原相通。蒙古高原的游牧文化就是在这种相对封闭的环境中发展起来的。由于其内部地域极为辽阔,几乎没有什么大的天然屏障可以明显划分。在"蒙古马精神"孕育的环境条件中,除了地域、气候等因素,草地资源等方面也起了重要的作用。马克思认为,应当合理地调节人与自然之间的物质交换,在最无愧于和最适合人类本性的条件下进行这种物质交换。蒙古高原的草地资源是一种可再生资源,游牧方式非常适合草地资源这一特点,农耕方式不适合这一资源的稳定和持续,合理地利用自然资源,保护生态平衡,是社会得以正常发展的必要条件。草原上各种饲用植物生长死亡,周而复始地更替,为生存于其间的各类食草动物提供了丰富的食物来源,这充分遵循了草原生态系统的发展规律,不仅没有使草地资源遭到破坏,反而使其生产力得到了进一步提高。"各种自然资源之间是相互联系、相互制约、相互对立而又统一的整体。从这一点出发,草地资源则是由气候、土壤、生物(包括植物、动物和微生物)以及人类活动等因素共同组成的综合的自然整体。"蒙古马的发展壮大得益于草地资源上游牧业的发展,同时不同的地理空间决定了在整个草原生态系统内部是存在地区差异的,不同地区的草地草群组成、生长状况有很大差异,蒙古马经过人工和自然的双重选择,可以在典型草原和条件更为艰苦的荒漠草原顽强地生存和发展,基因和生理上的抗严寒、耐粗饲、抗病力强、持久力好等优良特性是坚毅顽强"蒙古马精神"的前提。

蒙古高原特有的自然地理环境作为游牧社会生活的物质条件之一,孕育了吃苦耐劳、一往无前,不达目的绝不罢休的"蒙古马精神",蒙古马精神

也开始在人们的社会意识领域萌芽,从原始的图腾崇拜到文学艺术等领域的歌颂都表达了人们对蒙古马的敬意、体现了对它的依赖和感情。

二、"蒙古马精神"孕育的历史背景

一种精神的形成必定有其深厚的历史沉淀才能达到意识的统一和信念的树立,对于"蒙古马精神"的孕育,我们除了要了解它萌芽的环境条件、孕育的实践基础,还要把握它所处的历史背景。

在蒙古马盛行的游牧时代,公元前209—906年的1100多年间历史上建立了一系列诸如匈奴、鲜卑、柔然、敕勒、突厥、蒙古等政权。政权的建立和更替、实力的较量和博弈、文化的交流和传承在这一阶段表现得尤为突出,而"蒙古马精神"也在草原文明与农耕文明交流融合的历史互动中孕育成熟。

任何一种生产方式、精神文化都不是凭空产生的,关于游牧经济的起源,学术界有人认为是起源于狩猎,有人认为起源于农业,基本上觉得游牧业是一种无奈之举,但是从文化选择的角度来看,人类总能够找到最适合于自己所处的社会历史自然条件的生存方式,这种生存方式又使得文化本身获得新的内涵并向前发展。游牧文化正是这种选择和适应的结果。在当时游牧业兴起的历史条件下,对于自然生态相当脆弱的蒙古草原地区来说,游牧业分明要比原始混合经济有着更高的专业化程度,因而,也具有更高的生产效率和更佳的生态适应性。这应该说是游牧业兴起并存在达数千年的合理性和必然性所在。所以,物质生活和精神文化的和谐就能够促进生产力的发展和社会的进步,在北方游牧民族的历史上匈奴是有史记载的第一个草原王国,它所创造的文化给草原文化的形成奠定了基础,当时的骑射文化使得游牧文明与农耕文明有了第一次较大范围的碰撞,实现了草原民族与中原汉族的第一次民族大融合,王昭君出塞实现胡汉和亲就是最好的见证。

之后的鲜卑文明,第一个入主中原建立了北魏王朝,实现了农牧文明的第二次大融合。蒙古文明把草原文化推向了鼎盛时期,成吉思汗集北方少数民族文明之大成建立"大蒙古国",开辟了亚欧通道,促进了东西方文明的交融,忽必烈开创了中国历史上第一个由少数民族建立的统一王朝,成吉思汗及其后裔在约半个世纪的时间里建立了历史上空前辽阔的、横跨欧亚大陆的蒙古帝国,成吉思汗的西征在客观上加强了草原文明与城市文明的互动,尽管这种"互动是诉诸武力推进的,其结果却大大推动了世界文明和欧洲文化的进程,不同文明交互交流的贸易被叫作'马绢互市'与'茶马贸易'"。"文化是民族的,民族是文化的载体……文化的民族特征的相对稳定,使得作为民族的人们共同体也相对稳定。因此,文化传统与民族特征是不可分割的。不同的民族创造了不同特点,不同传统的文化有不同特点,不同传统的文化又塑造了不同的民族。"文化作为社会意识的组成部分对社会存在起到反作用,同时也为社会发展提供了精神动力。草原文化与农耕文化的交流在一定程度上是依靠蒙古马组成的骑兵队伍完成的,吃苦耐劳、一往无前,不达目的绝不罢休的蒙古马的精神在这样的历史互动中得到了充分的体现。

在蒙古民族游牧经济依赖的五种家畜(马、骆驼、牛、绵羊、山羊)里,只有马能用于作战围猎。据史料记载,成吉思汗铁骑西征时,经常靠蒙古马的惊人速度及耐力对敌人进行突然袭击。在13世纪蒙古大军征伐西方,无论是欧洲重甲骑士,还是中亚的王国,都势如破竹,不过十多万大军,三两天结束一场战斗,七八天攻下一座城市。杰克·威泽弗德在《成吉思汗与今日之世界形成》中强调:"蒙古军队的机动性和阵形取决于两个因素,这两个因素使得他们明显不同于任何其他传统文明的军队。第一个因素是,蒙古军队完全由骑兵组成,都是武装骑兵,没有一个步兵的蒙古军队;第二个独特特征就是,他们远距离行军,总有着伴随士兵左右的巨大的马匹储备量。"至忽必烈汗时,每年的9、10月,派遣太仆臣到全国各牧场检阅养马状况,并登记造册。大元帝国当时在全国设 14 个官马道,所有水草丰美的地方都用来放牧马群,"其牧地,东越耽罗,北逾火里秃麻,西至甘肃,南暨云南等地,凡一十四处,自上都、大都以及于玉你伯牙、折连怯呆儿,周回万里,无非牧地",可谓"马之群,或千万……亦一代之盛哉"。这就为蒙古军远征提供了得天独厚的条件。元代"按照官方的统计,中书省及河南、辽阳、江浙、江西、湖广、陕西、四川、甘肃行省的驿站共计使用战马 44301 匹,牛 8889 头,驴 6007 头,战车 4037 辆,轿子 378 乘,船 5921 只"。能率领骑兵打天下的一代天骄成吉思汗所建立的大帝国与马有密不可分的关系,蒙古马虽冲刺速度不如欧洲马,可善于长途奔袭,对草料的需求比其他马低,耐得严酷的自然条件,大量的蒙古马随蒙古军两次西征,它的耐劳苦能远涉戈壁荒漠,最艰苦的时刻还可吃其肉、饮其奶和血,蒙古大军没有辎重的困扰,能够展开惊人的大范围不停歇的机动,可以"兵马先动,粮草后行",这促使蒙古军顺利征服了西亚和东欧。马在军事战争中突出的作用可以看出马匹已经成为将士们的第二生命,如果说北方草原是蒙古民族成长的摇篮,那么奔放的蒙古马就是草原民族创造历史的见证,在这样的历史背景下"蒙古马精神"得到了充分的孕育。

在近代的解放战争时期,由蒙古马组成的内蒙古骑兵部队是一支以蒙古族为主,包括达斡尔、鄂温克、鄂伦春、回、满、汉各族同志组成的特殊队伍,草原人民从小和马打交道,马术很好,经过短期军事训练就能很好地掌握马上射击、拼杀、冲锋等动作,由于草原人民的支持,当时革命武装力量成长壮大成为 5 个骑兵师。骑兵具有快速、机动、灵活、勇猛的特点,擅长战役侦察、远距离运动防御追歼敌人。骑兵相比步兵,不但能徒步作战,还擅长马上射击。当时为了躲开敌人的空袭,骑兵部队经常白天隐蔽,夜间行军,有时一晚上甚至能奔行两百多公里。在夜间行军时,几百人上千人的队伍,只要最前面的人和马清醒,其他人都可以边骑马边睡觉,战马照队列的顺序走,绝不会有一匹马掉队。当骁勇善战的骑兵战士端着机关枪在茫茫草原上长途奔袭时,如神兵天降,往往让敌人措手不及。正如乌兰夫同志评价,"内蒙古骑兵部队以无数可歌可泣的英雄业绩为辽沈战役、平津战役的胜利作出了历史性的贡献"。

蒙古草原是众多游牧民族繁衍生息的家园,他们在与大自然的抗争和自身的生存发展过程中创造了自己的文化,也形成了以文化维系起来的民族,各民族薪尽而火传、草枯又再生,各民族文化相互吸收继承,逐步形成了统一的草原文化。在新时代,文化弘扬还需文化创新,文化的发展还需有精神的动力,"蒙古马精神"植根于草原文化,有着丰富的历史意义和深刻的时代价值,昨天的"蒙古马精神"可以激励游牧民族纵横驰骋、血战沙场,今天的"蒙古马精神"可以成为增强民族自豪感和凝聚力的重要力量。

三、"蒙古马精神"孕育的实践基础

决定人们意识形态的社会存在中,除了自然地理环境,还有人口因素和生产方式。人是从事物质生产活动和其他一切社会活动的主体,是一切社会关系的承担者,人口的数量和质量等因素对生产发展和社会进步起加速或延缓的作用,"蒙古马精神"的孕育得益于当时游牧民族的壮大、文化素质的提高和生产方式的不断发展。

据甲骨文记载,在公元前1310年前后,由商王武丁率领的军队曾与北方异族游牧人——"鬼方"展开长达数年之久的战争,这从一个侧面表明了当时游牧先民已有一定的数量。在这之后,游牧民族所建立的政权不断发展壮大,而人口的数量也越来越多,这是"蒙古马精神"历史成长的实践基础的前提。人口因素中除了人口数量,人口质量(智力、体力)在蒙古马发展和"蒙古马精神"的孕育中起到了更为重要的作用,勤劳勇敢的劳动人民有着丰富的劳动经验、管理才能等素质,从驯养野马到马的选种、培育、饲养等方面就可以表明,据《黑鞑事略》徐霆注云:"霆尝考鞑人养马之法。自春初罢兵后,凡出战好马,并恣其水草,不令骑动。直至西风将至,则取而控之,挈于帐户左右,啖以些少水草,经月后膘落而实,骑之数百里自然无汗,故可以耐远而出战。寻常正行路时,并不许其吃水草,盖辛苦中吃水草而不成膘而生病,此养马之良法。南人反是,所以马多病也。其牧马留十分状好者作移剌马种外,余者多扇了,所以无不强壮也。凡马多是四五百匹为群队,只两移剌者,公马也,不曾扇,专管骒马群,不入扇马队。扇马骒马各自为群队也,凡马多是四五百匹为群队,只两也。凡马多是四五百匹为群队,只两兀剌赤管,手执鸡心铁挝以当鞭棰,马望之而畏。每遇早晚,兀剌赤各领其所管之马环立于主人帐房前,少顷各散去。每饮马时,其井窟止可饮四五,马各以资次先后于于而自来,饮足而去,次者复至,若有越次者,兀剌赤远挥铁挝俯首驻足,无或敢乱,最为整齐。其踝马群,每移剌马一匹管骒马五六十匹。马出群,移剌马必咬踢之使归,或他群移剌骒马越而来此群,移剌马必咬踢之使去,挈而有别尤为可观。"

《黑鞑事略》中又记载:"因其马养之得法,骑数百里,自然尤汗,故可以耐远而出战。寻常正行路时,并不许其吃水草,盖辛苦中吃水草,不成膘而生病,战时参战后,就放回牧场,叫它饱食青草。"在抓膘期一般不准骑马狂奔让马出汗。马倌、骑手要随身携带刮马汗板、马刷子,随时为骑乘的马刷洗身子、刮除马汗,为马舒筋活血、放松肌肉、消除疲劳,牧马人说,"为马刮一刮,刨一刨,胜似喂精料"。科学地喂养加速了蒙古马的进化和优化,使它的生理优势得到了极大的发挥,正是这样的生理优势成就了蒙古马的优秀品质。

蒙古高原的自然环境和人口因素在一定程度上促进了游牧经济和游牧文化的产生,它是游牧民族赖以生存发展的经济基础,但不论是自然地理环境还是人口因素,都不能脱离社会生产而发生作用,都不能决定社会的性质,"环境决定论"和"人口决定论"在社会存在中并不发挥最重要的作用。马克思说:"任何一个民族,如果停止劳动,不用说一年,就是几个星期,也要灭亡."是指人们为获取物质生活资料而进行的生产活动的方式,是生产力和生产关系的统一体,物质生产活动及生产方式的变化发展决定整个社会历程的变化发展。蒙古马精神孕育的实践基础离不开研究游牧的生产方式。具有游动性、脆弱性、分散性的游牧生产方式是游牧民族赖以生存和发展的基础,它决定了游牧社会的结构、性质和面貌,制约着人们的经济生活、政治生活和精神生活。

人类第一个历史活动就是生产满足这些需要的物质资料,生产力是人类社会生活和全部历史的基础。生产力是人类在生产实践中形成的改造和影响自然以使其适合社会需要的物质力量,包括:劳动资料、劳动对象和劳动者。蒙古马在游牧物质生产方式中扮演着重要的角色,这些角色是其他牲畜不能替代的,它不仅为人类提供了肉、乳、血、骨、皮、鬃、尾毛等生活资料,还提供了役力、通讯、征战等劳动资料,极大地提高了游牧民族生产力的发展。劳动资料也称劳动手段,它是人们在劳动过程中所运用的物质资料或物质条件,其中最重要的是生产工具。人们解决社会同自然矛盾的实际能力如何,主要取决于生产工具的质量和数量。"各种经济时代的区别,不在于生产什么,而在于怎样生产,用什么劳动资料生产。"马可·波罗在其行记中说"马受训练,往回疾驰"。蒙古马作为游牧民族物质生产方式中的劳动资料,极大地提高了生产力。古代的蒙古族过着逐水草而居的游牧生活,自然环境的恶劣和生产力水平的低下使得他们只能不断地去适应自然,寻找水草肥美的地方暂时安营扎寨,蒙古马作为交通工具极大地提高了他们的迁徙能力和平时的劳动效率,这是马最初被人们重视的首要原因。芒来和旺其格编著的《蒙古人与马》中写道:"蒙古人从早先的养马享受利益后越来越重视和崇拜马了。"俄国学者弗拉基米尔佐夫曾在《拉施特传》中说:"蒙古草原上马比一切更受重视。马群是古代蒙古人的主要财富。没有马,草原经济便无法经营。马是蒙古人的交通工具,用于战争与围猎……"据《霆疏》记载:其出兵,头目人骑一马,又有五六匹,或三四匹马自随,常以准备缓急。无者亦须一二匹。蒙古人想要行猎时，总是先派探子去探看有什么野兽可猎和数量有多少，当不打仗时他们热衷于狩猎，并且鼓励他们的军队这样做，目的不单是为了猎取野兽，也是为了习惯于狩猎锻炼，使骑手能够熟悉军马和锻炼吃苦耐劳的精神和意志。成吉思汗青年时代，曾为了八匹骟马与泰亦赤兀惕部人作战。元初蒙哥可汗多次降圣旨，凡是禁约诸人绝不能将马匹偷贩到外界，一番发现有盗马一匹，就处以腰斩之刑，马在古代蒙古法律中已经成为量刑标准之一。这些都显示出马对人们的物质生产的重要性。

人民群众作为历史的"剧中人"，在游牧的生产方式中促进了蒙古马的优化，极大发挥了蒙古马的作用。人民群众作为历史的"剧作者"，还推动了草原文化艺术的发展，在文艺作品中"蒙古马精神"中的勇敢、奉献等品格被人们崇拜、歌颂并通过口耳相传和文字记录了下来，蒙古马宝贵的精神财富在长期的历史进程中不断积累成长。

第三节 "蒙古马精神"的提出

"蒙古马精神"孕育于草原文明与农耕文明交流融合的历史互动中，形成于中国共产党团结带领各族人民进行革命、建设和改革的伟大实践中，提出于新时代推进中华民族复兴伟业、助力亮丽内蒙古建设的发展进程中。

一、"蒙古马精神"的提出

"蒙古马精神"从萌芽、孕育到提出是一个长期的历史过程，它逐渐在人们的头脑中抽象凝炼直到提出。2014年1月26至28日，马年春节前夕，习近平总书记来到内蒙古自治区兴安盟、锡林郭勒盟、呼和浩特市等地，深入

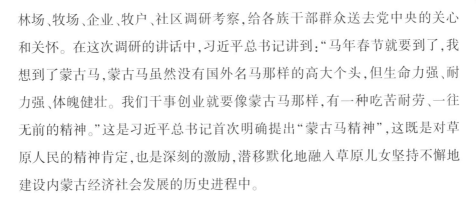

林场、牧场、企业、牧户、社区调研考察,给各族干部群众送去党中央的关心和关怀。在这次调研的讲话中,习近平总书记讲到:"马年春节就要到了,我想到了蒙古马,蒙古马虽然没有国外名马那样的高大个头,但生命力强、耐力强、体魄健壮。我们干事创业就要像蒙古马那样,有一种吃苦耐劳、一往无前的精神。"这是习近平总书记首次明确提出"蒙古马精神",这既是对草原人民的精神肯定,也是深刻的激励,潜移默化地融入草原儿女坚持不懈地建设内蒙古经济社会发展的历史进程中。

中国共产党团结带领内蒙古各族人民进行革命、建设和改革的伟大实践是"蒙古马精神"在新的历史条件下的真实写照和集中体现。新时代内蒙古自治区提出要打造经济发展、文化繁荣、民族团结、边疆安宁、生态文明、各族人民幸福生活的亮丽风景线,推进中华民族复兴伟业、助力亮丽内蒙古建设的发展进程中,"蒙古马精神"同样是实现伟大梦想的定海神针。党的十九大报告明确指出,我国仍处于并将长期处于社会主义初级阶段的基本国情没有变,我国社会主要矛盾已经转化为人民日益增长的美好生活需要和不平衡不充分的发展之间的矛盾,在转方式上下工夫,在调结构上找出路,在推转型上做文章不是一件容易的事情,这需要"蒙古马精神"在内蒙古建设发展的进程中继续不断发挥作用,用一马当先的勇气、快马加鞭的劲头、万马奔腾的气势坚定意志信念,维护党中央权威和集中统一领导,守卫祖国北疆亮丽风景线;保持同人民群众的血肉联系,加强制度建设,推进全面制度改革,保障改革发展的持续稳定和科学有效,投入建设亮丽内蒙古的伟大实践;稳扎稳打中推进经济结构转型升级,脱贫攻坚,抓住和利用好我国发展的重要战略机遇期,在深化改革开放上取得新突破,在改善民生上取得新成效,为中国特色社会主义建设增加活力;自觉传承和保护民族文化,培育和弘扬社会主义核心价值观,激发全体人民共同奋斗的精神力量,增强民族凝聚力、向心力和创造力;培养中华民族共同体意识,加强中华民族大团结,建设各民族共有精神家园,实现和保障社会和谐稳定。

二、"蒙古马精神"提出的重大意义

人立于世,不可没有精气神;一个国家、一个民族立于世界民族之林,则不能没有民族精神。民族精神是一个国家的精神脊梁,一个国家在历史的变迁、国际的竞争中不落败、不衰亡的动力支撑。在五千年的文明发展中,中华民族形成了以爱国主义为核心的伟大民族精神,正是依靠这种民族精神,中华民族始终保持着强大的生命力、创造力和凝聚力,创造了灿烂悠久的中华文明。蒙古族及千万草原儿女,结合本民族的历史文化,立足本民族的实际与特色,不断继承和丰富着中华民族的伟大精神,在广阔草原之上,在各族人民长期开拓探索、革命、建设和改革实践中形成的"蒙古马精神",是在游牧民族长期的物质生产实践中形成的独具特点的草原文化精神,是草原文化的杰出代表和文化符号,滋养和激励着马背民族的奋斗和拼搏,同时在草原文化与中原文化的长期碰撞、交流、融合中,"蒙古马精神"也融入了华夏文明,成为中华民族历经磨难而又生生不息、历久弥新的动力之源,其提出具有重大的理论意义和实践价值。

首先,"蒙古马精神"源于蒙古马、蒙古族和草原儿女,但它也赋予了全国其他各族人民强大的精神力量,它深深扎根于我国各族人民的奋斗历程中,是中华民族精神的集中体现。"蒙古马精神"以蒙古马为载体,从最初原始宗教的图腾崇拜和文学艺术的歌颂缘起最终抽象到它所承载的民族精神与时代精神,它是内蒙古人民奋斗精神的集中体现,赋予了草原上各族人民强大的精神力量;它深深扎根于中华各族人民的奋斗历程中,极大地丰富了中国精神的谱系;它经历了历史的变迁,积淀着草原民族最深层的精神追求,代表着草原民族独特的精神标识。"蒙古马精神"潜移默化地塑造了中华民族的精神面貌,也在实践中激励着人们的行为。它蕴含着持之以恒、一往无前的精神内涵,是坚定文化自觉、增强文化自信的重要体现,是以爱国主义为核心的民族精神和以改革创新为核心的时代精神深度融合的智慧结晶，是以社会主义核心价值体系为精髓的社会主义先进文化的具体体现。"蒙古马精神"在特殊的自然条件、生产实践基础和游牧历史背景下成长为内蒙古自治区的一面旗帜、一种有共识的价值观。

其次，"蒙古马精神"有助于激发干事创业的热情、对提升创新创业活力具有重要意义。历史和实践反复证明，敢闯敢试的拼搏精神和迎难而上的自强劲头，是干事创业取得成功的基本前提和条件。无论是搞革命建设，还是搞改革开放，都要有强烈的开拓意识和探索精神，要义无反顾，勇往直前。"天地生人，有一人当有一人之业；人生在世，一日当尽一日之勤"。在改革开放的新时代，"蒙古马精神"已与改革创新、锐意发展的时代精神紧密结合，被赋予新的内涵，成为实现"两个一百年"奋斗目标和中华民族伟大复兴"中国梦"的强大精神动力。新时代我国继续推进改革开放要把诚信、友善、敬业作为基本道德规范，把发扬艰苦奋斗、吃苦耐劳、无私奉献、一往无前的"蒙古马精神"作为精神追求。

再次，"蒙古马精神"的提出体现了在正本清源上展现新担当的责任意识。在"世界汗血马协会特别大会暨中国马文化节"开幕式上，习近平总书记这样总结马的文化内涵："马是奋斗不止、自强不息的象征，马是吃苦耐劳、勇往直前的代表。"当今我们身处的时代背景与现实条件较之前发生重大改变，而今各族干部群众所拥有的生产生活条件都有了大幅度提高，人民生活水平逐年上升。但在新的时代考验中，各族干部群众特别是党员领导干部能否并且应该如何继续发扬吃苦耐劳、拼搏奋斗、对党忠诚、无私奉献的光荣传统，成为一项重大的时代课题。党的十八大以来，以习近平同志为核心的党中央从战略和全局的高度，大力推进全面从严治党向基层延伸，态度鲜明地提出"打铁必须自身硬"，使我们党始终成为中国特色社会主义事业的坚强领导核心。在此情况下，弘扬"蒙古马精神"有助于坚定一部分党员干部的理想信念，解决其"精神缺钙""信仰缺失""作风退化"等问题，同时也有利于其增强尽职尽责、敬业奉献的责任意识,加强勇往直前、开拓进取的拼搏精神,切实做到对党忠诚、为党分忧、为党担责、为党尽责;弘扬"蒙古马精神"也有助于激励各族干部群众投身新时代我国改革发展的伟大实践中,为全面建成小康社会贡献自己的力量。

再次,"蒙古马精神"的提出彰显了在守正创新上实现新作为的时代特征。每一种文明都延续着一个国家和民族的精神血脉,既需要薪火相传、代代守护,更需要与时俱进、勇于创新。《诗经》《楚辞》中的"萧萧马鸣""乘骐骥以驰骋兮"的名句,汉武帝的《天马歌》、曹植的《白马赋》、韩愈的《马说》的名篇,"好马从驹起,好人从幼始""君子一言,驷马难追"的民间谚语,《万马奔腾》《赛马》的艺术名作体现了马文化的源远流长、博大精深。"蒙古马精神"根植于草原马文化,它在长期的孕育和形成过程中潜移默化地影响着草原人民的物质和精神生活,是物质文明和精神文明均衡发展、相互促进的结果。没有草原文明的继承和发展,没有马文化的弘扬和繁荣,就没有"蒙古马精神"。游牧民族在长期的生产实践中依靠蒙古马自觉弘扬"蒙古马精神",随着内蒙古经济社会的不断发展,"蒙古马精神"必将顺应时代发展,焕发出更加蓬勃的生命力。

总之,"蒙古马精神"在孕育、形成、提出的过程中适应时代需要,为内蒙古自治区打造祖国北疆亮丽风景线增添了新的活力,是跨越时空超越民族富有永恒魅力具有当代价值的宝贵精神财富。

第二章

『蒙古马精神』的丰富内涵及其价值传承

作为"马背上的民族",蒙古族在其发展的漫长历史过程中,在其生存、生产、生活中,已经与蒙古马紧密联系在一起,"蒙古马精神"的丰富内涵也成为内蒙古各族人民守望相助、团结奋斗的真实写照和精神支撑。

第一节　"蒙古马精神"的丰富内涵

对"蒙古马精神"的深刻理解离不开蒙古马自身的特性,"蒙古马精神"吃苦耐劳、一往无前的核心要素,源于蒙古马的固有特质和奉献精神。蒙古马特殊的物种基因、严酷的生存环境和长期的遗传变异,造就了蒙古马耐寒、耐旱、耐力强的特殊属性,铸就了蒙古马独特的品格和精神。

一、"蒙古马精神"的内核是吃苦耐劳、一往无前

2014年春节前夕,习近平总书记在考察内蒙古时对"蒙古马精神"的界定,不仅丰富了蒙古马的精神内涵,更让"蒙古马精神"在辽阔的内蒙古大草原上深入人心。这其中,吃苦耐劳、一往无前是"蒙古马精神"的主要内核。

(一)吃苦耐劳

吃苦耐劳,顾名思义就是能过困苦的生活,不怕困难,也经得起劳累。与其他品种不同,蒙古马最大的特点就在于能适应最艰难困苦的环境,也经得起、耐得住劳累。

这与蒙古马自身身体结构有很大的关系。如果按照现代人对于马的审美标准,蒙古马可能算不上美的,因为它身材矮小、四肢粗壮、跑速慢、跨越障碍的能力与欧洲的高头大马也差了很多,可正是由于它这些身体特征塑造了其耐力极强的特点。蒙古马体格虽不大,但骨骼结实,肌肉充实;虽跨

越障碍的能力一般,但不容易得内科病;蒙古马虽然腿短,但关节、肌腱发达,蹄质异常坚硬,这样的特性使得蒙古马在运动中不易受伤,体力恢复快且善于负重行走。国际上著名的纯血马虽然奔跑速度快,但奔跑距离短。与之相比,蒙古马勇猛无比,且在长途比赛中很少中途停歇,更适合长途跋涉。"蒙古马运动性能方面曾经进行过专项测试:蒙古马在 1903 年举行的120 公里长距离骑乘比赛中(北京至天津)用时 7 小时 32 分钟,100 公里的耐力赛,冠军蒙古马用时 3 小时,这充分证明了蒙古马超强的长距离奔跑能力。阿拉伯马也是耐力型马种,但其生活的海拔较低,不太适应草原环境,到了缺氧环境下不太适应,其体格高大,比赛爬坡容易受伤。蒙古马血液血红蛋白携氧能力强,在草原上可连续骑行 10 余天,日行距离多达 100 公里之远。草原 30.5 公里耐力赛中,最佳纪录用时 42 分钟/秒(44 公里/小时),冠军马历来是蒙古马,1000 米用时 1 分 30 秒,这充分体现了蒙古马运动基因的研究价值。"此外,蒙古马皮毛浓厚、不畏寒冷,在−40℃的极端恶劣天气中仍能生存,具有极强的环境适应能力。蒙古马不需要精美的马圈和精细的饲料,而且不易掉膘,这就保证了蒙古马不论在亚洲的高寒荒漠还是欧洲的平原,它都能够找得到食物,不论酷暑严寒,它都能够在野外生存。所以也就有人说"蒙古马是最接近骆驼的马"。

蒙古马具有超强的耐力,尤其擅长艰苦跋涉。蒙古马是中国三大名马里最有耐力的一种马,按照一般的说法是耐粗食,还可以耐饥。蒙古族被称作"马背上的民族",这里的人都擅长骑马,当年蒙古大军以摧枯拉朽之势一路西行的时候,主要也得益于蒙古马。13 世纪时,成吉思汗建立了蒙古帝国,随后,蒙古大军以蒙古大汗为中心,先后进行了三次大规模的西征,史称"蒙古西征",蒙古的铁蹄征服的地区近 3000 万平方公里,建立起了庞大的帝国,堪称是游牧民族的辉煌时期。历史上这次有名的西征是当时最为震撼世界的一段传奇事件。整个欧亚大陆从中亚到东欧,到俄罗斯,再到阿拉伯半岛,蒙古铁骑战无不胜,所向披靡。

为何说蒙古马立下了汗马功劳呢？一是蒙古马具有的超强耐力，蒙古马作为世界上忍耐力最强的马，对环境和食物的要求极低，耐粗食，什么都吃，无论是在欧洲的高寒荒漠，还是在欧洲的平原，蒙古马随时随地都可以找到食物，而且无论是严寒还是酷暑它们都可以在野外生存，可以说蒙古马具有较强的适应能力。而蒙古大军的马更像是士兵一样，具有强大的战斗力，能够带着士兵疾行一百里地都不会感到疲惫，遇到较窄的河流也能驮着主人走过去。再加上蒙古大军有极好的军事制度，一人十马，就是说马可以歇，但是人不能得一时歇，日夜兼程，欧洲人永远都算不出来蒙古大军的速度的原因正在与此。

二是蒙古马可以随时胜任骑乘和拉车载重的工作，并且能够为军队提供粮食。军队中的马大部分是母马，母马可以提供马奶，这大大减少了蒙古军队对后勤的要求，所以蒙古大军可以"兵马先动，粮草后行"。据史料记载，成吉思汗铁骑在西征的时候，经常靠蒙古马的惊人速度以及超强的耐力对敌人进行突然袭击，从而得到胜利。

1219年9月，成吉思汗的两位大将速布台和哲别攻打花剌子模国讹答剌城的时候，由于城池的保卫工事太过于坚固而久久未能攻破。于是哲别带领着军队退居几百里外，并休整队伍。当敌探得知成吉思汗大军退到几百里外时，城内的卫军歇了一口气，放下心来，放松了警惕。而蒙古大军休整几天后，有一天晚上哲别突然下达命令，率领大军进攻讹答剌城。大军夜行几百里，第二天清晨就到达城下，进行突攻。因为城内毫无准备，成吉思汗大军轻易攻破了城，并获全胜。此后蒙古军名声大振，仅用两年时间就打败了强大的花剌子模国。再如在1241年冬季，速布台的主力骑兵从鲁斯卡山口越过喀尔巴阡山脉，突然出现在多瑙河流域的格兰城下时，仅仅用了三天的时间，要知道布满积雪的两地之间的距离有三百多公里，而且大部分是无路的山地，蒙古骑兵的强大能力可见一斑。而正是由于蒙古马所具有的这些特点与蒙古军队对马匹使用的良好习惯，蒙古马成为流传在欧亚大陆的一张名片。许多外国游客来中国旅游的时候,在马场他们选择的往往不是高大的或者清秀的马匹,而是粗壮的蒙古马,可见蒙古马的影响力。

1949 年,中华人民共和国成立以来第一次蒙古马耐力赛似乎更能说明蒙古马的超强耐力。那场比赛从新巴尔虎左旗阿木古郎镇出发到乌尔逊河东岸再返回到阿木古郎镇,赛跑距离 100 公里,比赛从早晨 5 点多开始,冠军马 8 点钟到达终点。1950 年,蒙古马中的铁蹄马在当年 118 华里的那达慕大会上,58 分钟就跑到了终点。

(二)一往无前

"一往无前"就是说勇敢地一直向前,形容毫无畏惧地迎着困难而上,不达目的绝不罢休。蒙古马可以穿越茫茫大漠、踏过皑皑雪原,而且能够直面沿途种种困难,毫无畏惧地迎着困难向上,永不放弃自己的既定目标。《奇异的蒙古马》是英国作家詹姆斯·奥尔德里奇的主要著作之一,他在约九万字的有限篇幅内,对一匹叫"塔赫"的蒙古马的惊险遭遇做了绘声绘色的描述。这匹蒙古马因其特殊的科学价值被捕获到英国威尔士动物保护区,从此便开始了它艰辛的归乡旅程。"塔赫"具有鲜明的个性、机灵的头脑和不屈的毅力。一路上它经历了种种磨难,屠宰场、马戏团、身陷沼地、被坦克盯住、被直升机用金网罩住、被打了安眠弹……但是能逮住"塔赫"的身,却逮不了它的心。"塔赫"历尽千辛万苦,终于得归故里,成功地获得了自由。这个故事真实地反映了蒙古马目标明确,执行力强,知难而进,勇往直前的精神品格。

"蒙古马善于长途奔跑,在奔袭过程中会采用一种特殊的'走马'步伐,可以保持相同的速度并日夜前行。由于其超强的耐力和均匀的速度,蒙古马常承担诸如驿站传输的特殊任务。一旦号令下达,便载使者马不停蹄地奔赴下一个驿站,无论多么恶劣的气候,多么残酷的环境都挡不住它的步伐,不达目的绝不罢休。"奔驰的蒙古马威武轩昂、健蹄如飞、波涛汹涌、风驰电掣。"在古代,成吉思汗统率的蒙古军队之所以能取得辉煌的战绩,都跟蒙古人的坐骑——蒙古马有着密不可分的关系。历史资料描述,经过调教驯化的蒙古马,在战场上不惊不炸,勇猛无比,任何障碍都阻挡不住它,只要蒙古马一马当先便万夫难挡。"在远距离的奔跑和持久性的激战中,蒙古骑兵可谓不知疲倦,攻无不克,战无不胜,所向披靡。所以,蒙古军队是13世纪征服欧洲的一个因素,还有一个重要的因素是这支军队所依赖的那种身材矮小、不知喘息、势不可挡的蒙古马。总之,无论是在日常生活与劳作中,还是在刀光剑影的战场上,蒙古马都鲜明地体现了一往无前、斗志昂扬、勇于进取的突出特征。

吃苦耐劳、一往无前的蒙古马是草原上一道亮丽的风景线,随着历史的积淀与实践的熔铸,边疆各族人民的生活与血脉中都融入了"蒙古马精神"。任何一个时代的进步和社会的发展都需要有支撑它前进的精神动力,深刻认识和理解"蒙古马精神"的内涵,充分挖掘"蒙古马精神"的内在价值,更加积极主动地学习和贯彻"蒙古马精神",将激发全社会吃苦耐劳、勇往直前的精神状态,从而抓住发展机遇;将有助于各族人民团结奋斗,齐心协力,奋勇拼搏,把祖国北疆这道风景线打造得更加亮丽。

二、"蒙古马精神"的延伸:守望相助、和谐共生

蒙古马属于群居动物,它们习惯彼此照应,增加安全感。艰苦的生存环境更是促使蒙古马形成了很强的群体意识。为了维护群体生活,马群内一般都有明确的分工,如果遇到外敌侵袭,马群会把怀孕的母马和小马驹围在中央,成年健壮的公马在外圈带领马群一起逃跑。蒙古马的这种团结互助、同舟共济、同心协力的品质在新时代可以凝炼延伸为守望相助、和谐共生的"蒙古马精神"。

（一）守望相助

2014年1月，习近平总书记在考察内蒙古时提出，"希望内蒙古各族干部群众守望相助，守就是守好家门，守好祖国边疆，守好内蒙古少数民族美好的精神家园；望就是登高望远、规划事业、谋求发展，要跳出当地、跳出自然条件限制、跳出内蒙古，有宽广的世界眼光，有大局意识；相助就是各族干部群众要牢固树立平等团结、互助和谐的思想，各族人民拧成一股绳，共同守卫祖国边疆，共同创造美好生活。"

"守望相助是平等、团结、互助、和谐的社会主义民族关系的升华和创新，守望相助与当代中国国情紧密结合，具有鲜明的中国特色、丰富的内涵和强烈的时代气息，具有深远的历史意义和现实意义。在中华民族这个统一的大家庭中，各民族之间就是要守望相助、荣辱与共，共同谱写民族平等、团结、互助、和谐的社会主义民族关系新篇章，共同为实现中华民族伟大复兴的中国梦而努力奋斗。"国家富强、民族振兴、人民幸福，这是国家的梦，也是国人的梦。"中国梦"的实现需要每个民族，每个中国人担起责任、负起使命。"蒙古马精神"是实现守望相助、开创美好未来的精神源泉。自然家园是一个民族得以现实存在的基础，而精神家园则是一个民族永续发展的关键。少数民族只有守护好精神家园才可以凝聚民族之魂，号召民族之力，这就要求内蒙古要维系好民族的文化根基。草原文化是中华文化的优秀组成部分，是蒙古民族生生不息、勇往直前的精神动力，是少数民族美好的精神家园。"蒙古马精神"植根于草原文化，以丰富的内涵体现了草原民族吃苦耐劳、一往无前的形象。因此，着力培育和弘扬植根于草原文化独具民族特性有良好群众基础的"蒙古马精神"，发挥"蒙古马精神"的时代价值，激励各族人民做建设有中国特色社会主义共同理想的坚定信仰者和忠实实践者，这对于传承和发展优秀民族文化，激励全区各族干部群众尽责圆梦、守望相助，共同守卫祖国边疆，共同守护好少数民族的精神家园有极大的推动作用。72年来,内蒙古各族人民在党的领导下,以吃苦耐劳、一往无前的"蒙古马精神",守望相助、团结奋斗,生动践行民族区域自治制度,取得了令世人瞩目的成就。

(二)和谐共生

天空、草原、马匹、蒙古包,这是对内蒙古最直接的印象,蒙古族与天地的和谐相生,与所有众生的共生共存,体现了蒙古民族深邃的文化内涵。因此,当马这种富有灵性的动物走入蒙古民族的生活,注定成为这个民族的伙伴。人与马之间平等互爱、互相尊重才能够达到配合默契、和谐相处。"《江格尔》中的英雄,在战斗前总是在爱抚中与马沟通,在战斗中不能很快取胜时,总是与对手下马较量,让坐骑休息;在战斗间隙、吃喝休息时,总是放开爱马,任其自由觅食;在向坐骑提出要求、布置任务时,也总是友好信任的态度。"蒙古人若没有蒙古马相伴就好像丢了魂魄,一望无际的蒙古草原若没有蒙古马的点缀就像没有鲜花一样空荡。斗转星移,蒙古牧人不论是四季的游牧生活还是激烈厮杀的战场,都有蒙古马陪伴的身影。闲暇时,蒙古人热爱拉马头琴,骏马在辽阔的草原上奔腾,和着这悠长的古调,好一幅温馨和谐的画面,酣畅淋漓地诠释了蒙古民族与马的神圣情感。蒙古族游牧的生产方式,是一种流动性、空间性的生产方式。这有助于稀释草原民族群落的密集程度。在这种天、地、人三维空间中,蒙古人可谓和天地自然零距离地接触,切身感受到自然与人的对立统一,从而在生存的主动与被动之间,渐渐地磨砺出平和自然、去留随意、处之泰然、沉默肃穆、无为不争的民族胸怀。这是一种直面自然、尊重自然的逻辑。所以,当自然对人类构成威胁时,他们也能够换位思考,平和而平静地表达出真正意义上的"自然崇拜"。"即纳人类于自然之中,不凌驾于自然,也不屈就于自然,以从容之心,既容常规常理,也容大灾大难——不论生老病死还是悲欢离合,不论爱恨情仇还是恩怨哀乐,都能遵循大自然的法则,从而超越事情和功利本身,以平和坦荡待之。""蒙古马精神"的和谐共生体现在人与马、人与人、人与自然的各种关系中,这也就是草原文化的真谛。

习近平总书记指出,"精神是一个民族赖以长久生存的灵魂""只有坚持从历史走向未来,从延续民族文化中开拓前进,我们才能做好今天的事业"。蒙古族的孩子自幼就被各种英雄与良驹的故事所包围、暗示、鼓舞。在他们的成长过程中,蒙古马的精神一点一滴地融入血脉中。勇敢、奋斗、吃苦耐劳、奔腾不息的意志品质逐渐成为其民族性格而代代相传。"蒙古马精神"是蒙古族凝聚力的集中体现,是本民族发展的核心,更是民族团结、民族统一的纽带。同时,"蒙古马精神"为时代精神提供发展动力,是时代精神的根基,具有重要的时代价值。

"蒙古马精神"的形成既是文化的积淀也是文化的创新,我们倡导和弘扬"蒙古马精神",梳理和挖掘"蒙古马精神"的深刻内涵是一方面,另一方面也要将"蒙古马精神"与时代精神相结合,使其在实践中焕发出新的理论生机与生命活力。

第二节 "蒙古马精神"是内蒙古
人民特有的奋斗精神

"坚韧不拔"的精神历来是内蒙古草原儿女的优良传统,无论是在烽火硝烟、金戈铁马的革命斗争时期,还是在社会主义建设与改革开放时期,内蒙古各族人民响应党的号召,跟随党的步伐,艰苦奋斗、勇往直前、无私奉献,凝聚起强大的精神力量。

一、"蒙古马精神"在内蒙古革命战争年代的体现

1840 年,鸦片战争的爆发,使得中国逐步沦为半殖民地半封建社会,清王朝的封建统治逐步瓦解,帝国主义掀起了对中国的瓜分狂潮,覆巢之下,岂有完卵,帝国主义在内蒙古推行"满蒙政策"、扶持傀儡政权,制造分裂,分而治之,使内蒙古成为沦陷区,民族压迫和民族同化政策使内蒙古各族人民陷入了贫困、落后、苦难的深渊。中国共产党的成立,给内蒙古各族人民翻身得解放带来了希望,也正是草原儿女的"蒙古马精神"为自己的解放提供了强大的精神动力。

(一)使命担当、用生命捍卫内蒙古的团结统一

蒙古马被称为"义畜",是五畜之首。它虽然生性刚烈剽悍,但对驯养它的主人和承载它的草原却充满着无限的忠诚和眷恋,在危急时刻甚至不惜以自我的牺牲来挽救主人的生命。蒙古马对于主人一片赤胆忠心之情就像在革命战争年代内蒙古对于祖国坚贞不移之爱。近代以来,中华民族遭受帝国主义侵略和封建主义剥削之际,水草丰美的内蒙古也成为帝国主义列强争夺的对象,同样也经历着颠簸动荡,凄风苦雨。面对家国破碎、内忧外患的时代背景,内蒙古人民自觉承担起驱除外敌,保卫家国的历史使命,在一次又一次的历史关键点上,以其坚强的家国信念,奋起抵抗外敌,同祖国共存亡。这片辽阔大地的淳朴人民当然热爱自己的土地,面对外来侵略者和国内反动派,他们奋起反抗,用生命践行"蒙古马精神"中的坚贞不移、使命担当,全力守护自己的家园。出于对祖国和家乡的赤子之情和强烈的政治责任感和使命感,内蒙古人民用鲜血和生命捍卫了内蒙古的团结统一。

"鸦片战争中,出身于镶黄旗的民族英雄裕谦,率领镇海守军奋起抗击英国侵略者,虽因寡不敌众以身殉国,但留下了"与镇海共存亡"的豪言壮

语。""1859 年 6 月,英、法侵略军进犯大沽口,驻守在那里的 2000 多名蒙古族骑兵在僧格林沁的指挥下,不顾清朝政府的卖国投降命令,奋起自卫还击。经过一昼夜激战,击沉敌舰 4 艘,毙伤敌军 400 多人,打得侵略军狼狈逃窜。"太平天国运动时期,面对清政府日益愚昧腐败,内蒙古人民看到了日益衰落的腐朽政府同蒙古族内部封建阶级势力之间存在的千丝万缕的联系,看清了腐朽无能的清政府与蒙古族封建阶级势力联合起来压迫群众的本质,毅然掀起了反对清朝政府和蒙古族封建统治阶级的斗争。1858 年,内蒙古伊克昭盟乌审旗爆发了由贫困牧民领导的"独贵龙"运动(或作"多归轮",蒙古语"环形""圈子"之意),旨在反抗贵族官吏的苛捐杂税和兵差徭役。此后,在内蒙古西部地区和东部地区,内蒙古人民都以"独贵龙"的形式与统治阶级不断地展开斗争,也与汉族一同反对封建阶级统治,进行了多次革命斗争。

辛亥革命时期,北洋军阀对统治区人民的压迫不断加深,平民百姓身上的负担异常严重。北洋军阀为了争夺地盘,各个派系之间相互争斗,导致民不聊生。王公出卖旗地、苛捐杂税和官差徭役的残酷现实也在不断地蚕食着统治区黎民百姓的生命。在这种情况下,内蒙古人民展开了以保护土地为中心的反抗斗争。他们采取"独贵龙"运动为主要形式的革命斗争,于 1912 年和 1914 年先后在后套地区和达拉特旗爆发反对压迫的革命斗争。同年冬天,朝阳、绥东、建平等地的蒙汉各族人民也联手掀起了抗捐抗税斗争。

1921 年,中国共产党宣告成立,这对于内蒙古地区的革命形势产生了决定性影响,草原人民看到了革命的曙光,看到了胜利的希望! 从此,内蒙古地区的革命也就自然而然地成为中国共产党领导的新民主主义革命的一个重要组成部分,从此内蒙古地区革命迎来了新的历史时期。内蒙古人民坚信在党的领导下,一定能够走出一条民族独立与解放、国家繁荣与富强的革命道路。因此,于 1924 年,以多松年、李裕智、乌兰夫、吉雅泰等为代表的部分蒙古族先进分子毅然决然地加入了中国共产党,并在北京蒙藏学校组成了蒙古族的第一个党支部。在此之后,许多蒙古族学生受到他们的影响,光荣地加入了中国共产党或社会主义青年团组织,积极地参加党领导的学生运动和各种革命活动,使革命火种星星点点燃向草原。

抗日战争中,内蒙古人民支持共产党领导的大青山游击队与日本侵略者进行了殊死斗争,壮大了抗日力量。1936 年 2 月 21 日,乌兰夫带领各族干部群众在达尔罕草原上发动了著名的"百灵庙暴动",这场暴动"打响了蒙古民族武装抗日第一枪",不仅打击了日寇嚣张的侵略气焰,而且有力地牵制了侵略者西进的步伐,这都表明了内蒙古人民反对日本帝国主义侵略,争取民族独立与解放的决心。1937 年 10 月,百灵庙起义部队与日军展开战斗,期间又有不少人加入,最后人越来越多,被编成了蒙旗独立旅,这在未来的战斗中起到了非常重要的作用。1938 年 9 月,八路军大青山支队进入大青山,经过数月的浴血奋战,开辟了大青山抗日游击根据地,随后便成立了由蒙古人领导的蒙古抗日游击队。觉醒了的蒙古民族,在共产党的领导下,焕发出巨大的爱国热情,他们掩护根据地党政军干部战士,主动捐献马匹、马具和其他物资,积极为根据地战士们带路、送信、站岗。不久,日军前来扫荡,蒙古族抗日游击队为掩护大部队撤离,牺牲了不少优秀的蒙古族战士和军官。巍巍大青山,滔滔大黑河,漫漫的大草原,哺育了无数个勇往直前,不怕牺牲的蒙古族英雄人物,在战斗中牺牲的贾力更,出色完成任务的李森都是杰出代表。

大青山抗日游击根据地的中心地带是武川县,这片土地上,住着一大批英雄儿女,他们跃马青山、挥戈草原,用他们的铮铮铁骨和爱国之心,为中华民族崛起和家园振兴贡献力量。"乌兰夫、李井泉、姚喆等老一辈无产阶级革命家,团结和带领蒙汉各族人民,与日本侵略者展开了艰苦卓绝、不屈不挠的斗争,谱写了可歌可泣的悲壮诗篇。大青山沿线的抗日战争,是整个华北战场的重要组成部分,对于沟通苏蒙国际交通线,保卫陕甘宁边区,呼应晋西北根据地,乃至为全国抗战的最后胜利做出了重要贡献。"大青山抗日根据地的游击战争,凝聚了内蒙古各族人民群众,粉碎了日军侵略者妄图通过分化民族地区进而分裂中国的阴谋。

"抗战胜利后,蒙奸补英达赖等在锡林郭勒盟西苏尼特旗成立了所谓'内蒙古共和国临时政府'。乌兰夫等同志与这种分裂活动进行了坚决斗争。在发动群众的基础上,召开了内蒙古人民代表大会,解散了'临时政府',1945 年 11 月在张家口召开了内蒙古各盟旗代表会议,成立了内蒙古自治运动联合会。1946 年 4 月 3 日在承德召开了自治运动统一会议,撤销'东蒙古自治政府',成立了内蒙古自治运动联合会东蒙总分会和兴安省人民政府。1947 年 5 月 1 日,正式成立了内蒙古自治政府。"

值得大书特书的是,在解放战争中,内蒙古骑兵师曾驾驭蒙古马浴血奋战。内蒙古骑兵参加大小战斗 600 多次,歼灭敌军 2 万多人,缴获战马 2 万多匹、各种枪支 1 万多件。能够获得这样显著的战绩,应该说蒙古马功不可没,他们为民族自身的解放以及中华民族的彻底解放做出了重大牺牲,同时也实现了对蒙古民族社会制度的重大改变。蒙古骑兵与蒙古马同心协力,共同抗敌的英勇革命的胆魄和史无前例的革命实践将永载史册!

在中国近代革命的历史中,蒙古马曾经成为战场上重要的参与者。在抗日战争、解放战争、朝鲜战争的各个战场上都有蒙古战马受伤、倒地,血染沙场的画面。蒙古马在风雨中与牧人共同成长,自由驰骋在草原上,在战火中与战士同命运共患难,冲锋陷阵在硝烟中。蒙古马在辽阔的塞外疆场上驮着勇敢的骑兵纵横驰骋,战马奔腾扬起的漫天尘雾和战马一声声的嘶鸣,回荡在北国的上空,也笼罩在敌人的头顶上。内蒙古各族人民在一次次的顽强拼搏中,展现出的是对于家乡的热爱与忠诚之心,就好像蒙古马对故土的眷恋之情。内蒙古人民的近代史,就是一部不屈不挠的抗争史,就是为了实现民族解放与国家统一而英勇奋斗的革命史。在近代中国苦难不堪的时代背景下,内蒙古人民早已视死如归,他们把祖国与民族的利益看得高于一切,忠贞不渝。他们在党的领导下,为了民族解放与国家富强而进行的革命斗争犹如一曲悲壮的草原英雄之歌,在内蒙古辽阔的草原上世代传唱,不断警醒与教育着草原儿女铭记历史,勇往直前!

在中华人民共和国成立之后,蒙古族的英雄战士们受到中央领导接见,比如由毛泽东主席亲自改名的拥军模范蒙古族同胞武策劳、支前模范张兰女、"八路采购"张润喜、背着石磨上山送给八路军的勇士白生宝、为掩护八路军伤病员光荣牺牲的张闰长……正是这些忠勇爱国、一往无前的人民群众用他们的智慧和无私无畏的奉献精神保护支持着党领导下的抗日军队和干部,他们为中华人民共和国的成立做出了巨大的牺牲和贡献,功不可没。在朝鲜战争中,蒙古族人民担负着为前线调教、输送战马的任务,开始的时候骑兵部队把自己的战马送往前线,后来他们又调教了从各个牧区以及蒙古国购买的战马,为保卫国家的安全做出了贡献。内蒙古的骑兵师和他们的蒙古马充分表现出不怕牺牲的英雄气概,表现出了一往无前的时代精神,使中华民族能够饱经沧桑而不亡,历尽磨难而新生。

(二)敢为人先、开辟民族区域自治制度的先河

蒙古马勇猛刚毅、一马当先、奔腾向前的精神深深地融入内蒙古各族人民的心中。在解放战争的隆隆炮响中,在历史发展的关键时刻,内蒙古勇于实践、敢为人先,1947 年 4 月 23 日至 5 月 1 日,第一届内蒙古人民代表会议在兴安盟乌兰浩特市胜利召开,392 名与会代表聚集一堂,代表着 200 多万内蒙古人民行使人民当家做主的权利,会议经过投票,选举乌兰夫、哈丰阿为内蒙古自治政府正、副主席,成立了全国第一个少数民族自治政权——内蒙古自治政府,标志着中国共产党领导的内蒙古民族解放运动取得了伟大胜利。内蒙古自治政府的成立,是中国共产党以马列主义关于民族问题的理论为指导,结合中国实际解决民族问题的巨大成功,标志着内蒙古地区各民族间的关系从此进入了一个民族平等,团结互助,共同发展,共同繁荣的

新时期,它实现了蒙古民族长期以来渴求民族解放与自治的愿望,并为中国其他少数民族的解放树立了光辉典范。

我国应用民族区域自治政策解决民族问题,内蒙古的贡献不仅仅表现在率先建立的示范作用上,还体现在内蒙古坚持和完善一系列伟大的探索实践中。"在自治政府成立时制定的《内蒙古自治政府施政纲领》和《内蒙古自治政府暂行组织大纲》,全面彰显了党的民族工作的伟大思想和新理念,许多重要内容被吸收到《中国人民政治协商会议共同纲领》《中华人民共和国民族区域自治实施纲要》,以及后来制定的《中华人民共和国宪法》《中华人民共和国民族区域自治法》当中,在我国民族区域自治发展历程上具有重要的里程碑意义。"

民族区域自治这条道路凝聚了众多因素在其中,民族因素、区域因素、经济因素、政治因素、历史因素、现实因素是这些因素的有机结合。它体现了中国共产党人和中国人民的实践经验与政治智慧。民族区域自治这条道路做到了维护国家统一与照顾民族地区差异的统一,体现中华民族一体性与尊重各民族多元性的统一,是符合中国国情的制度安排。内蒙古之所以能够在中华人民共和国成立之前建立第一个民族区域自治地方,其原因是生活在这里的各族人民内心都有着蒙古马一般的团结精神。在这块土地的开发与建设的漫长历史过程中,各族人民结成了亲密情谊,为抵御侵略者、延续中华文明、缔造我们伟大的祖国以及民族解放事业做出了不朽的贡献。当然,这其中也离不开中国共产党对内蒙古民族解放斗争正确领导,以及乌兰夫等老一辈革命先辈殚精竭虑、浴血奋战的付出。内蒙古各族人民身体力行"蒙古马精神",团结统一,众志成城,齐心协力抵御外来侵略和压迫、反抗剥削,并肩奋战,筑就了中华人民共和国第一个少数民族自治区。内蒙古这匹骏马,因为民族区域自治,蹄疾步稳地走向未来。民族区域自治是内蒙古革命、建设、改革各项事业稳步前进的基本保证,也为内蒙古及中华民族的共同繁荣铺就了豪迈驰骋的大道,更为世界多民族国家解决民族问题提

供了"中国方案"。

二、"蒙古马精神"在社会主义建设时期的体现

中华人民共和国成立之后,内蒙古各族人民发扬"蒙古马精神"的独特精神品质,艰苦奋斗,埋头拉车建设祖国;无私奉献,慷慨解囊援助同胞。在社会主义建设时期,始终坚持处理好中央和地方之间的关系,强调正确处理中央统一领导和发挥地方积极性的关系,在满足全国经济建设上对自治区的要求时,也要真正从内蒙古实际情况出发,争取把事情办好,为其他民族地区始终坚持正确处理国家支持、发达地区支援和自力更生的关系树立了榜样。

(一)艰苦奋斗、埋头拉车建设祖国

中华人民共和国成立之初,国民经济崩溃、工业基础薄弱,国家以重点发展重工业来实现社会主义工业化,钢铁工业作为原材料基础产业之一,与国家的发展社会的进步息息相关。"内蒙古凭借白云鄂博铁矿及其世界储量第一的稀土资源,承担了国家'一五'期间156个大型建设项目中的包钢和两个兵器制造厂的任务,把钢铁、铁轨、国防产品输送到祖国最需要的地方。"第一个五年计划期间,内蒙古大规模的社会主义建设如火如荼,国家新建的8条铁路干线中,内蒙古就有两条,分别是集宁到二连、包头到兰州;全国156个重大工程建设项目中,内蒙古就有包钢、内蒙古一机厂等6个项目。《草原晨曲》中把包钢比作"双翼神马",白云鄂博是包钢的生命之源,蒙古语的意思是"富饶的圣山",被看作"神马"奔腾的地方。包钢的企业精神是"坚韧不拔、超越自我",这与"蒙古马精神"是契合的。

在祖国全力进行社会主义建设时期,内蒙古人民发扬蒙古马坚持不懈地埋头苦干、吃苦耐劳的精神,汇聚一代又一代人的努力,应对发展起来以

后的问题挑战,跨越前进道路上的重重障碍,创造出了经得起实践、历史和人民检验的业绩。

(二)无私奉献、万马奔腾守护家园

蒙古马是蒙古人最忠实的伙伴,在人与马的关系中,个体的人虽然是主动的,但也避免不了人的生理局限性,马是人的快足,人的翅膀。只要主人需要,无论生存条件多么艰苦,无论距离多么遥远,无论负担多么沉重,蒙古马都默默承受。不论是战场上、旅途中,还是在田间、赛场,蒙古马都甘于奉献,付出了辛勤的汗水。马奶具有开胃、消化、健身补虚的功用,因此,在很长时期内,马奶成为游牧民的生存依靠。"史籍记述:'饮马乳以塞饥渴,凡一牝马之乳,可饱三人。另据记述,军队在日夜兼行或完全断粮的时候,士兵可刺穿乘马背部静脉吸取一点血,从而继续自己的征程。'"内蒙古这匹"骏马"面对祖国航天事业的需要和兄弟省份所遭遇的困难,它义无反顾、奔走驰援。

1. 牧民为航天事业无数次搬迁

中华民族自古以来就有"飞天梦",从"神舟一号"到"神舟十一号"成功飞向太空,中国已经成为世界上实力不凡的航天强国。历史不会忘记,额济纳为航天事业所做的贡献,额济纳旗的人民顾全大局,不计个人得失,积极响应国家号召,将他们世代居住的水草肥美的牧场奉献出来,搬迁到其他地区生活。"1958 年,中共中央正式批准在位于居延弱水河畔的额济纳旗建设我国第一个综合导弹实验靶场——东风基地,也称酒泉卫星发射中心,被誉为中国航天第一港。中共内蒙古自治区党委做出决定:额济纳旗向北迁移140 公里,以支持国防建设。从此,额济纳旗 300 多户、1400 多名蒙古族牧民开始了长达 8 年,数易其居的生活,他们让出近 4 万平方公里的家园。此后,额济纳旗政府又两度搬迁。"这些牧民踏遍了额济纳每一寸土地,每到一个新的地方,如果草长得不好,水不能饮用,就重新寻找新的居住地。虽然牧

民们几经周折，但还不忘关注国家航天事业的最新动向，这些消息还牵动着额济纳旗蒙古族牧民的心。因为这片航天基地是他们的故土，有他们牵挂的航天事业，如今看到祖国航天事业日益繁荣，牧民们感叹道："航天事业在那里发展进步，我们搬得再远也值！"

放眼额济纳，一望无际的戈壁滩上点缀着如同侍卫般的胡杨，守护着这片土地。胡杨用痉挛般的身躯死死阻挡着风沙侵袭，防止着水土流失，守望着"神舟"飞天。人们经常这样赞美胡杨：生，一千年不死；死，一千年不倒；倒，一千年不朽！这是不屈不挠的"胡杨精神"。"胡杨精神"与"特别能吃苦、特别能战斗、特别能攻关、特别能奉献"的载人航天精神，与"吃苦耐劳、坚韧不拔的蒙古马精神"相互贯通，在额济纳大地发扬光大。额济纳人民用自己的双手在荒凉的戈壁滩上再造新家，把最好的土地留给了祖国的国防和航天事业，体现了祖国至上的大局观和甘于奉献的崇高境界。

2."三千孤儿"和草原母亲

1959 年至 1961 年，我国连续三年遭遇水、旱、虫、雹等自然灾害。资料记载，仅 1960 年 1 月到 3 月上海孤儿院就收留弃婴 5277 名，粮食供应告急。尽管内蒙古自身情况也不容乐观，不少乳制品厂停产，但内蒙古还是积极为国家分担自然灾害的压力。时任内蒙古自治区主席的乌兰夫考虑到单纯向上海紧急调拨一批奶粉、炼乳、乳酪是暂时性的援助，最终决定将上海的孤儿接来由牧民抚养，乌兰夫的指示简洁而果断：接一个，活一个，壮一个。这些孤儿经过了汽车、火车，然后又是汽车，还有勒勒车，甚至马背的"长征"，终于来到草原母亲的怀抱。他们被爱怜地称为"上海孤儿"，但他们还有一个名字——"国家的孩子"。这段往事，在后来不少优秀的文艺作品中得到了记录与发扬，如电影《额吉》，长篇小说《静静的艾敏河》及同名电视剧，纪实文学《国家的孩子》及同名话剧，等等。

草原上流传着这样一句话："严冬时靠毡子御寒，灾难时靠人心取暖。"

电影《额吉》中有这样一个镜头,朴素和蔼的蒙古族妇女们,手捧哈达,张开怀抱迎接一个个幼小生命的来临。虽然孩子们听不懂蒙古语,可"爱"是人世间最美的语言,电影的素材取自于真实的生活。"而真实的故事比电影更要感人。在乌兰察布市四子王旗草原,有一位蒙古族老人都贵玛,她以草原宽广博大的胸襟养育了28个来自南国的孤儿。1961年,'上海孤儿'被送到草原时,正在托儿所工作的都贵玛只有19岁,但她勇敢地承担起照顾28名'上海孤儿'的任务。年轻的未婚姑娘和28个咿呀学语的孩子们组成了临时大家庭。喂奶、喂饭、穿衣、保暖,都贵玛硬是没让一个孩子挨饿、受冻,直到这些孩子全部被牧民领养。"虽然都贵玛一生没有生育,却儿女成群;她一贫如洗、家徒四壁,却经常帮助他人。她是广袤草原上一位普通的家庭妇女,也是一位伟大的"母亲",它的人格就像草原上的山丹花一样朴实、一样红艳。

张凤仙是呼和浩特土默特蒙古族人,是内蒙古镶黄旗卫生院的一名卫生员。她与其他牧民一样,与丈夫商量后领养了六个孩子。虽然这六个孩子不是张凤仙亲生的,但她认为"国家的孩子"就是亲生的孩子,无论受多大的苦累,也要把这些孩子抚养成人,不负国家所托。于是,她省吃俭用尽自己最大的努力让这些孩子接受最好的教育,功夫不负有心人,这六个孩子长大之后个个都是国家的栋梁之材。两个考上了重点大学,两个参军入伍成为军官,两个留在内蒙古当了公务员。日夜操劳、积劳成疾使得张凤仙的身体每况愈下,1991年,她去世了。这位普普通通的蒙古族妇女,用她的毕生精力成就了六位"国家的孩子",虽然蒙古族没有去世后立碑的习俗,但她的孩子还是在广袤无垠的草原上立下了一块感恩的碑。他们永远铭记这位普通的蒙古族母亲对自己的爱,永远心怀感恩之心。

一个母亲的善良可能会收养一个孩子,而整个草原母亲收养了3000多名孤儿,这其中起重要作用的就是这个民族的文化了,那就是草原文化中对于生命的热爱与尊重。在这茫茫草原,随着岁月的流逝,也许收养孩子的这些母亲,早已不在人世,但她们铸就的无私奉献的精神永不磨灭,往事并不如烟。就像蒙古马对主人的爱和奉献,这3000多名"国家的孩子"将永远记着自己的"额吉",永远心怀感恩。

内蒙古积极响应党和国家的号召,从大局出发、从国家与集体出发、不等不靠,热爱祖国。就像蒙古马对主人的一片赤诚、无限忠心,心甘情愿地奉献出自己的全部来守护主人。从社会主义建设困难时期为国捐粮食、捐牲畜到3000孤儿变成"国家的孩子",从万众一心建设包钢到数次搬迁让出最好牧场为航天事业……这骏马,忠肝义胆!

三、"蒙古马精神"在改革开放年代的体现

1978年12月,党的十一届三中全会做出改革开放的重大决策,开辟了社会主义事业发展新时期,中华民族由此踏上了民族复兴的伟大征程。内蒙古这匹"骏马",迎着改革的东风,奔腾向前。改革开放40多年来,自治区各族人民在党的领导下,沐浴着党的民族政策的阳光雨露,发扬"蒙古马精神",艰苦奋斗、一马当先,积极投身于改革的伟大事业,内蒙古综合经济实力增长、政治稳定、文化繁荣、民族团结等方面都实现了历史性跨越,各项社会事业取得了长足性发展。步入新时代,继续弘扬和培育"蒙古马精神"对于内蒙古在新时代奋力夺取改革开放和社会主义现代化建设新胜利,具有十分重要的意义。

(一)勇往直前、改革奋进一马当先

改革开放初期,内蒙古自治区党委从实际出发改革农村经济体制,大力推广联产承包责任制,率先实施草畜双承包责任制,成为全国农村率先普遍实行以"大包干"为主的家庭联产承包责任制的省份之一。这一改革极大地调动了广大农民从事农业生产的积极性,实现了农村牧区生产方式的重大

变革,也较早地解决了粮食自给问题。如今,内蒙古已经成为全国 13 个粮食主产区之一、6 个粮食净调出区之一。

"1978 年,黄河南岸的达拉特旗耳字壕公社康家湾大队,一位叫赵丑女的农村妇女大着胆子承包了村里的 14 亩土地;当年年末,黄河北岸的托克托县中滩公社也给社员每人划分了 2 亩'口粮田'……或许当时赵丑女和中滩公社的社员们不会意识到发生在他们身上的这两件事,竟然成为自治区农村牧区改革的实践起点。1979 年,内蒙古开始推行家庭联产承包责任制,1981 年全面推开,走了全国前列。1984 年,内蒙古将农村牧区的土地承包期由原来的'不定期'明确为'15 年',建立和完善了以家庭联产承包经营为基础、统分结合的双层经营体制,极大地解放了生产力,大大调动农牧民的生产积极性,为实现粮食自给,解决温饱问题奠定坚实基础。'处处能赚钱,季季是农忙,一改往日闲,欢笑奔小康。'这是在农村牧区流传的顺口溜。改革开放在全区各地的田间牧野不断释放动力活力,新科技、新产业、新项目正雨后春笋般在农村牧区涌现,演绎着现代农牧业的精彩华章。"

改革开放以来,伴随着伟大祖国的前进脚步,内蒙古自治区解放思想,勇于实践,一路无须扬鞭自奋蹄,成为一匹奔跑在祖国北疆的"黑马"。"2017 年地区生产总值比 1978 年增长 72.4 倍,年均增长 11.7%,快于全国同期平均增速 2.2 个百分点,特别是 2002 年至 2009 年连续 8 年蝉联全国各省区市增速第一,形成了"内蒙古现象";2017 年人均生产总值比 1978 年增长 53.5 倍,人均经济总量排位由全国第 17 位跃升至第 9 位;建成了比较完整的产业体系,三次产业比例由 1978 年的 32.7∶45.4∶21.9 优化到 2017 年 10.2∶39.8∶50.0;基础设施大幅改善,城乡面貌发生翻天覆地变化,城镇人口比重由 1978 年 21.8%上升到 2017 年的 62%;2017 年城乡居民收入比 1978 年分别增长 117.6 倍和 96.4 倍,多项民生指标达到或超过全国平均水平。"2010 年,内蒙古响应国家号召,提出不再单纯追求 GDP 增长,要注重科学发展,调整步伐,转变发展方式,构建多元发展的现代工业体系。内蒙古充分挖掘地区特色并立足于自身优势，因地制宜推动经济实现长效发展，为其他民族地区的发展树立了榜样。

在文化建设中，内蒙古作为草原文化的发源地，建设"草原文化研究工程"，为中华民族多元一体格局奠定厚实基础；乌兰牧骑作为草原上的一支文艺兵，深受百姓的喜爱；蒙古族民族文化中的"尊重自然、敬畏生命"的理念对于社会主义改革和长效发展具有借鉴意义；内蒙古发展研究中心党委书记蔡常青指出，内蒙古较早地提出了"发展繁荣具有社会主义内容和民族特点、地区特点的民族文化"的文化发展战略；率先设立"草原文化遗产保护日"，率先规划建设"民族文化保护区"行动，这些举措为内蒙古培育和践行社会主义核心价值观开辟了融入传统民族文化、融入大众的通道。内蒙古在改革开放以来的文化建设中的实践，增进了民族间相互了解，促进了各民族间交往交流交融，提升了各民族对中华民族文化的自豪感和自信心，充分诠释了内蒙古各族人民对优秀传统文化的自信坚守和为筑牢中华民族共有精神家园做出的多方面奉献。

百年大计，教育为本。民族地区的教育是我国教育事业必不可少的一部分，内蒙古积极落实国家教育政策，结合自身的地区特殊性不断完善教育政策，为少数民族学生的教育奠定了基础。自治区成立初期，提出了"优先重点"的方针政策，也就是把少数民族的教育放在重点地位，以此为基础在发展过程中给予人力、物力的优先安排。这项政策是民族教育发展的根本保障，对民族教育发展起到了积极的促进作用。"自治区党委、政府先后出台了《关于进一步加强民族教育工作的意见》《内蒙古自治区人民政府关于加快发展民族教育的意见》《内蒙古民族教育条例》等重要文件，坚持'两主一公'办学模式，加强民族学校标准化建设，设立民族教育专项资金，加大对少数民族学生的补助和学费减免力度，完善从学前教育、义务教育、普通高中教育到职业教育、高等教育、继续教育的民族教育体系，走出了一条具有民族特点和地区特色的民族教育发展道路。"其次，随着自治区的经济不断发展,财政收入不断提高,少数民族教育的硬件设施水平不断提高,逐步与现代化、信息化接轨。与此同时,教师素质、教材水平、教学体系等软件水平的质量也在不断提高,少数民族学生接受的教育越来越好。

在民族关系方面,内蒙古率先提出"要像爱惜自己的眼睛一样爱护民族团结,像珍惜自己的生命一样珍惜民族团结",并且一直践行着民族团结是民族发展的基础,是各民族人民的生命线。内蒙古之所以能够成为"模范自治区",也是因为其不断贯彻落实民族团结教育,创造性提出并实施了一系列加强民族团结的政策和举措,持续推进民族团结进步事业向前发展。民族团结稳定为内蒙古得以持续发展创造了良好环境,不断发展的经济社会又促进了民族交往交流交融的不断深化,各族群众在相互尊重、相互欣赏、相互学习的基础上各展所长,同生产同生活。

从改革开放后率先在全国牧区中实行"草畜双承包"政策,发扬"蒙古马"吃苦耐劳、脚踏实地、勇于实践的精神,到新世纪连续 8 年经济增速全国第一……这骏马,勇往直前! 随着改革的全面深化和不断深入,我们越需要强大的精神动力,这就更需要把"蒙古马精神"贯彻到各个领域的工作中,充分调动和发挥其在改革发展中的精神动力,守望相助、团结奋进,每个人只有在各自的工作岗位上切实做到忠实履责、尽心尽责,才能担得起推动改革发展的重任,才能在新时代中展现自我、展示新作为。

(二)策马扬鞭、斗志昂扬谱写新篇

历史犹如一幅长长的画卷,欣赏之人往往感受到的是表面的风平浪静,只有作画之人,才能体会它的波澜壮阔。走过"雄关漫道真如铁"的昨天,跨越"人间正道是沧桑"的今天,在改革开放的历史进程中,蕴含着多少振聋发聩的观念突破,凝聚着多少矢志不渝的昂扬斗志,向着"长风破浪会有时"的明天,在继续前进中,随着改革的不断深入,未来的新情况新问题新挑战层出不穷,经验告诉我们,越是在发展的紧迫时期、面临考验的关键时刻,越要

坚定理想信念、锐意进取。阔步迈入新时代的内蒙古各族人民,需要继续发扬吃苦耐劳、一往无前的"蒙古马精神",开拓创新、无私奉献,始终保持吃苦耐劳、昂扬向上的精神状态和百折不挠、勇往直前的奋斗精神,策马扬鞭、马不停蹄,为实现中华民族伟大复兴的中国梦而努力奋斗。

1. 鄂尔多斯温暖全世界

提到鄂尔多斯,我们首先会想到一句宣传语"鄂尔多斯,温暖全世界"。十多年前,羊绒被认为是老气与过时的代名词,那么鄂尔多斯羊绒凭什么温暖全世界呢?打开年轻消费者的市场是鄂尔多斯集团的一大挑战,以市场为依托,营造一流的产品创新体系是追求"鄂尔多斯,温暖全世界"这一远大目标的必经之路。十几年来,集团进行了大规模的技术改造,致力于对羊绒的无龄化、无季节化和时尚化的探索。如今,羊绒衫在人们眼中已经转化为看重品质、追求舒适、注重自我感受的代名词。"贯彻可持续发展计划,对产业链进行整体改造,可持续生产模式将成为集团的核心竞争力之一。因为该理念不仅体现在生产端,围绕着具有环保争议性的羊绒材质,改善牧场生态环境保护和动物福利,同时还将涉及创意环节的材料节约,零售端的绿色包装,员工工作环境,甚至包括减少当今新零售与大数据所带来的库存浪费,最终形成的是一个效率更高、对环境损害更小的完整产业链条。回归到企业的本质上,降低成本与提高效率才是品牌跃升的根本动力。只有创新才能够维持商业机器的良性运作,从而为越来越挑剔的消费者提供源源不断的新鲜感,以拓展增量市场,否则只会陷入周而复始的循环。"

山羊绒,素有"软黄金,纤维钻石"之称,鄂尔多斯山羊绒的年产量占内蒙古山羊绒产量的三分之一。产自鄂尔多斯的"软黄金",从这里开始了"温暖全世界"的征程。"鄂尔多斯"是一个老品牌,在改革开放 40 年的时间里始终将"创世界名牌,办百年强企"为目标,通过不断的转型升级,自我革新,实行多品牌发展战略,完成了鄂尔多斯品牌家族的全面升级,打造了全新的品牌时尚新形象。在新时代新经济下,民族纺织服装更需要不断优化,鄂尔多斯集团把"讲忠诚、讲责任、讲追求"的精神纲领和"集智、放胆、拓荒、创新"的企业精神贯彻到实处,从生产团队、管理模式、品牌精神等入手改造,使其焕发新生机,抵达实现产业升级的成功道路,以更加和谐的文化魅力走向世界。

2. "草原钢城"转型新动源

明者因时而变,智者随势而制。被誉为"草原钢城""稀土之都"的包头,是我国重要的基础工业基地,也是内蒙古制造业、工业中心。包头市积极响应贯彻党的十九大精神、习近平总书记在内蒙古代表团的重要讲话精神,大力实施创新驱动发展战略,加快新旧动能转换,推动经济高质量发展。围绕传统产业提档升级和战略性新兴产业的发展,包头市聚焦稀土新材料、高端装备制造、新型冶金、新能源装备等领域,突出延伸产业链,打造现代装备制造业体系。"包钢集团稀土钢板生产车间,稀土钢板材冷轧生产线,全套生产线采用世界上先进且成熟的核心技术,工艺技术、环保水平达到世界一流。这是包钢新体系全生产流程中最后一道工序,也是生产最高端产品的生产线。新一代稀土钢研发已经取得重大突破,研制出汽车用钢、防爆装甲钢、石油套管系列新产品,百米高速轨国内市场达三分之一份额。包钢集团合作完成的'高效节能环保烧结技术及装备的研发与应用'项目,整体技术居国际领先水平,这个项目荣获了国家科技进步二等奖。"《草原晨曲》中这样唱到"我们像双翼的神马,飞驰在草原上……"的确,包钢就像一匹"长着双翅的神马"带领着草原的工业蒸蒸日上、奔腾向前。

3. "呼和浩特智造"走向世界

呼和浩特制造转向智造,正逐步走向全国、走向世界:"伊利集团在新西兰大洋洲生产基地投产后,成立了欧洲研发中心,推出了安慕希腊酸奶。蒙草集团成立'草银行',开始存储蒙古牧草。通过大范围、宽领域招商引资,光伏产业形成了硅材料加工、电池组件制造和太阳能电站建设全产业链。服务器装机能力达到 70 万台,创下全国第一之后,呼和浩特着手打造国家级云计算产业园区……呼和浩特提出了提升'中国乳都'、打造'中国云都'、建设'中国光伏材料之都'、塑造'中国草业之都'的目标。"

呼和浩特位于内蒙古自治区中部,邻近鄂尔多斯、包头,是中国向蒙古、俄罗斯开放的重要沿边开放中心城市,也是东部地区连接西北、华北的桥头堡,同时也是中国北方重要的航空枢纽,有着优越的地理位置。呼和浩特属于蒙古高原大陆性气候,四季变化明显,昼夜温差大,其特殊的自然条件带来了丰富的光能资源,太阳能年总辐射量可以达到 $1342\sim1948kWh/m^2$ 之间,年日照时数在 2600~3400 小时之间,是光照资源二类地区,且内蒙古地区风能充沛,常年气温 10℃ 以下,时间长达 200 多天,具有散热降温的天然条件。如今,蒙草集团作为草原修复的引领者,从单纯的绿化种草转向综合生态、经济、社会效益为一体的草原生态文明建设,全国每天数以万计的游客在蒙草集团修复的草原旅游观光;全区已具备 90 万台大型云计算数据中心服务器的装机能力,居全国首位,华为、阿里、百度等信息产业巨头纷纷落户草原,无数消费者正在使用呼和浩特服务器上传来的大数据;更有数不清的人在食用伊利集团的乳制品。呼和浩特,正以其转型升级的产业触角,千里万里翻越阴山走向世界。

资源,是内蒙古经济发展得天独厚的优势。乌海因煤而建,鄂尔多斯拥有"软黄金",处于塞上小江南——河套平原上的巴彦淖尔,被誉为"中国马都"的锡林浩特……今日的内蒙古,告别了粗放式的经济发展路径,依靠却不依赖资源,煤炭化工企业的多元化、现代性的农牧业体系、大数据产业、成片的光伏太阳能板制造出的"一边黄沙一边'蓝海'"的奇观……在改革开放的新时代,"蒙古马精神"与改革创新、锐意发展的时代精神紧密结合,被赋予新的内涵,成为实现守望相助,共同建设祖国北疆,实现内蒙古发展历史性巨变的强大精神力量。包头的特刚、稀土、有色金属、装备制造和军民融合产业,鄂尔多斯的能源和化工,呼和浩特的乳业和光伏、云计算产业,在新的一轮产业转型中,竞争力将进一步增强。从依靠"羊煤土气"的粗放型经济发展模式,到如今能源资源使用的精细化;从"一煤独大"的产业格局,到构筑多元发展、多极支撑的现代产业体系——这骏马,与时俱进!

第三节　"蒙古马精神"诠释了人与自然和谐相处的理念

理念是行动的先导。草原文化的核心理念是草原民族对自然、社会及其发展基本态度的集中体现,是对草原文化的基本内容、基本精神和价值取向的本质概括。草原文化在长期积淀中,孕育出许多富有生命力的观念和思想,而这其中,最核心的理念应该是敬畏生命、崇尚自然、绿色发展。"蒙古马精神"所蕴含的敬畏生命、崇尚自然、追求绿色发展的理念也内化于草原人民的内心。马背上的民族拥有自己的生态情结,他们用属于自己的文化方式,将朴素的生态意识上升为民族的生态文化,四处播散,世代相传。

一、"蒙古马精神"蕴含着敬畏生命的价值理念

"敬畏"的意思就是"崇敬、畏惧","生命"与我们通常意义上所说的"生物"含义大体一致,所谓"敬畏生命",就是要以虔敬的态度对待所有生命体,包括人。草原是一个复杂的、各个系统关联互动的大系统,生存在这个系统中的每一种生物都有其存在的合理性。蒙古人、蒙古马由此凝聚出的"蒙古马精神"蕴含的敬畏生命的生态理念是蒙古族生存智慧的精髓,也是游牧文化中最本质、最精彩的篇章。

蒙古族在原始宗教"万物有灵论"的影响下,规范和约束着并自觉地顺应自然规律行事,习惯把客观存在的自然物、自然力拟人化或人格化,把它们看成同自己一样具有生命和思想感情的对象。

蒙古族人一直以来都对牲畜有一种爱怜与保护的传统,家畜从出生、成长到衰亡的过程无不牵动着牧人的心,体现着蒙古人重视生命、崇拜生命的思想。"蒙古人从不过度使用家畜,如1217年,成吉思汗派遣速布台追击篾儿乞残部时下达军令说:'爱惜战马于未瘦时…战马瘦了,再想爱惜也晚了。士兵骑马,要脱去鞍鞯,脱去马嚼,缓慢进行。执行这样的命令,士兵骑马就不会奔驰;立下这样纪律,违令者杖责!'即使是用缰绳打马匹,也被认为有罪。成吉思汗《大札撒》规定:'禁打马匹之头面。战斗间隙,要放马于草地饱食,禁止骑乘。'元朝时期,为促进畜牧业的可持续,保护母畜,禁杀母羊。元世祖忽必烈至元二十八年(1291年)下令:'夏四月己巳,禁屠宰牝羊。'《元史·刑法志》规定:'诸每岁,自十二月至来岁正月,杀母羊者,禁之。'"从中可以体会到蒙古人对家畜的人文关怀,也体现了有节制、可持续利用的思想。蒙哥汗登极之时曾下诏:"不要让各种各样生灵和非生灵遭受苦难。对于骑用或驮用家畜,不许用骑行、重荷、绊脚绳和打猎使它们疲惫不堪,不要使那些按照公正的法典可以用作食物的牲畜流血,要让有羽毛的或四条腿的、水里游的或草原上生活的各种禽兽免受猎人的威胁,自由自在地飞翔或遨游。"该诏书可谓世界第一部生态保护宣言,反映了蒙古人独特的价值观和文化精神。

草原英雄小姐妹的事迹,大家都耳熟能详。1964年2月9日,11岁的龙梅和9岁的玉荣自告奋勇为生产队放羊。草原天气变化无常,中午时分暴风雪袭来,龙梅和玉荣为了不使生产队的384只羊遭受损失,赶着羊群在暴风雪中坚持了一天一夜。此时,寒冷、恐惧、疲惫、饥饿、责任都在这两个孩童身上,姐妹俩互相鼓励着,直至铁路工人和寻找她们的公社书记赶到,而此时玉荣已经晕倒在雪地里。因为严重冻伤,二人都做了不同程度的截肢。姐妹俩的事迹相继被写成歌曲、搬上舞台、拍成电影,内蒙古民族艺术剧院编排创作的音乐剧《草原英雄小姐妹》谢幕时,响起了观众经久不息的掌声。走上舞台的龙梅感慨:"我老了,但我仍然怀念草原、怀念家乡,如果再让我回到那一年,为了国家、为了集体,我仍然无怨无悔。"龙梅和玉荣早已不再是孩子,但这一对姐妹身上蕴含的精神,早已融入这片土地,化为人们的信仰信念和自觉行动。它经过岁月洗礼,愈发历久弥新。

姐妹二人这些年被问到最多的问题,是"你们当时为什么不把羊群丢下跑回家"。玉荣说:"那场暴风雪,有人说是奇迹,有人说不可思议,其实答案很简单,珍爱生命,善待自然,是我们草原人民永远不忘的信念。"善待生命、敬畏生命,对自然的谦逊乃至敬畏是蒙古族人自古以来传承下来的优秀美德,他们对待生命的意识与态度彰显了自身的淳朴与善良、宽厚与本色,这也是人与自然和谐相处的前奏。

二、"蒙古马精神"蕴含着崇尚自然的生态理念

"'物竞天择、适者生存',据史料记载,与蒙古野马同时期的欧洲野马、美洲野马早已相继灭绝,蒙古野马却繁衍下来还形成了不同的支系。这是因为蒙古马为了应对变化多端的生存环境和极端恶劣气候,由最初的森林动物进化为草原动物,为了在草原上奔驰,马蹄由五趾变为三趾,再到现在的单趾。其次,由于内蒙古地域辽阔,自然条件差异很大,随着地势、气候、土壤等生态因素的差异,不同生态条件下形成了一些适应草原、山地、沙漠条件的蒙古马众多支系,除了具备忍苦耐寒、坚韧不拔的共同特征外,它们毛色、形态方面各不相同,具有不同的个体特征,乌珠穆沁马能觅食过冬、百岔铁蹄马耐粗饲、乌审马擅于沙漠中行走等。"

崇尚自然,就是草原民族敬畏自然、珍爱生命、与自然和谐共生观念以及由此衍生的人与社会、人与人和谐相处思想的概括,它体现了草原民族与自然环境的息息相通、和谐共荣的密切联系。自然环境是蒙古族人民赖以生存、生产、生活的基础,自然环境的优劣不仅制约着人们的物质生活,而且还深刻影响着人们的精神生活。因此,自然环境是每个民族在生存和发展

过程中都要与之进行磨合和适应的前提与基础。自古,蒙古人就认为天地乃万物之父母,万物乃大自然的构成部分,人与自然万物共存共荣。蒙古民族以游牧经济为基本生产方式,更多依赖于大自然的直接赏赐,因此受到自然环境的制约程度较高。生态就是根植于马背民族心中的标杆,善待自然就是善待马背民族自己。

蒙古人的住宅——蒙古包的建造就体现了蒙古人对自然的尊崇。草原上土壤营养层极薄,雨水稀少,如果大兴土木势必会造成水土流失。所以,蒙古人在搭建蒙古包时,首先考虑的就是减少生态压力,适应自然环境,这也是蒙古人尊重自然的智慧结晶。蒙古包的建造,深切地体现了生态化的优点,具体表现在四个方面:其一是具有极大的生态性;其二是具有较多的节约性;其三是具有较高的实用性;其四是外形设计的科学性。生态性体现在建造蒙古包时无须大兴土木、打地基,也不用担心占有草地、破坏植被。因为蒙古族流动性的生活方式决定了他们不会驻扎在一个地方太久,所以搬迁后的蒙古包旧址内的草地会很快长出牧草,不留痕迹;节约性体现在构建蒙古包时可就地取材,易于拆卸、搬运和重新搭建,材料可多次重复使用,不用钢筋水泥和其他材料,因此也就避免了环境污染;实用性主要表现在蒙古包有较强的环境适应性和容量伸缩性。蒙古包可通过加减哈那,增减围毡改变蒙古包的大小和厚薄,也就能够适应草原上多变的天气;蒙古包的外形是下圆上斜的,这样的设计即使遇到雨水和大雪也不会堆积,而且还能防风保暖。蒙古包顶部的天窗有助于通风采光、空气清新、光线明亮。在人类所有的住所中,蒙古包是集实用、适用、俭约、环保为一体的建筑,符合生态学意义。

在广阔的草原上,树木是稀少的存在,它不仅是野畜的生存场所,也是蒙古人与天沟通的中介。所以,牧人用来取暖和吃饭的燃料,是牛羊的粪便和干枯的树枝,他们禁止砍伐绿色树木来作生活燃料,只可以捡树木的枯枝和掉落的树叶。反之,如果砍伐了树木,则会受到严厉的惩罚。"《喀尔喀三旗法典》第 133 条还规定:'在库伦辖地外一箭之地内的活树不许砍伐。谁砍伐没收工具及随身所带全部财产。没收之物给看见之人。'第 134 条规定:'从库伦边界到能分辨牲畜毛色的两倍之地内的活树不许砍伐,如砍伐,没收其全部财产。'他们还把植树造林列入规划。《马可·波罗游记》记载:'大汗(即忽必烈)在规划帝国的时候还另有一种措施,既可以点缀风景,又极有实用价值。他下令在大路两边大量种植树……当这些树木长高后,不仅在夏季可以享受荫凉,而且在冬季下雪时也能起路标的作用……'"

水是生命之源,滋养大地,润物无声。"在水资源人畜共享情况下,水的多少和洁净与否,关乎草木的生长和更多人畜的生命,所以,蒙古人特别注意防止水资源污染和浪费,如有犯规者,严加惩处。成吉思汗《大札撒》规定,'禁止向水中溺尿',目的是防止对水资源污染而危害人畜健康。还规定'禁止人们徒手汲水,汲水时必须使用某种器皿',这一方面是为保护水资源的清洁,再有是避免洒漏而浪费。当'他们要洗手或洗头,就满嘴含水,一点点地滴到手上,用这个法子他们也弄湿头发和洗头'。这样起到节约水资源和防止水资源污染的作用。这些保护水资源的习惯法和成文法,虽然其中很多是出于禁忌或神秘的信仰等主观因素,但客观上所起的保护和节约水资源的作用却是不容置疑的。尤其是基于禁忌的习惯法,在特定的时空范围内,其效力胜于成文法。"

从古至今,蒙古民族就与大自然始终保持着高度的和谐。这种和谐既体现在他们与动植物之间的密不可分的关系上,也体现在他们与自然环境之间的和谐共荣上。蒙古民族的生产方式与生活方式看似简单,却体现着对自然生态环境的深层关怀。

第三章

『蒙古马精神』是兴区强区之魂

"蒙古马精神"既有吃苦耐劳、坚韧不拔的民族精神,又有艰苦奋斗、一往无前的时代精神,既彰显了以爱国主义为核心的精神品质,又契合了以改革创新为核心的精神特质,能够为内蒙古社会发展提供思想保证、精神动力、共识认同、智力支持,是兴区强区之魂。

第一节 "蒙古马精神"与草原文化

"蒙古马精神"与草原文化有着不可分割的密切联系,在其孕育、形成、发展的过程中,既生动体现了草原文化的华彩篇章,也谱写了草原文化新的时代篇章。

一、"蒙古马精神"是草原文化的结晶

(一)草原文化及其重要性

在悠久的历史岁月中,北方草原民族在生活和实践中创造了自己独特的草原文化。草原文化是在草原环境下形成的文化以及有关草原的文化,是世代居住在草原地区的部落和民族相继创立的与草原生态相适应的一种文化。草原文化历经千年,拥有丰厚的历史文化积淀,蕴含非凡的历史研究价值,在不断传承发展创新的过程中,草原文化孕育出很多优秀的观念和思想,逐步形成崇尚自然、践行开放、恪守信义、奋发图强的信念,构建出独特的草原文化理念体系。草原文化是草原人民的精神财富,也是前进力量的珍贵来源,它反映了草原文化的精神特质和本质特征,反映了草原民族智慧和精神的最高境界。同时,草原文化也是我国优秀传统文化的组成部分,体现出中华文化的多样性、民族性、地域性、时代性等特征,是我国宝贵的文化

遗产。

内蒙古自治区拥有悠久的历史文化,自古以来就是中国北方游牧民族的发祥地,是草原文化的承载地,也是草原丝绸之路的重要组成部分。改革开放40年来,内蒙古经济、社会、文化发生了巨大变化,文化建设经历了由"封闭"走向"开放",由"单一"走向"多元",从"谨慎"到"自信"的转变,文化建设在国家现代化战略布局中的地位发生了明显变化,草原文化也在改革开放的实践中不断发展。草原人民创造的与他们的生态环境相适应的文化,是蒙古民族生生不息、勇往直前的精神动力,是少数民族美好的精神家园,亦是中华优秀传统文化的重要组成部分。而吃苦耐劳、一往无前的"蒙古马精神"是对草原文化的坚持和发展,是草原文化孕育出的重要成果,是草原文化的精神凝炼,也是草原人民集体智慧的结晶。"蒙古马精神"及其所代表的草原文化,对推进中华文明,构建和谐社会,实现中华民族伟大复兴具有不可替代的作用,更是内蒙古发展建设的重要精神动力。

(二)草原文化孕育"蒙古马精神"

"蒙古马精神"是一种辛勤努力、任劳任怨的精神,它是草原文化的结晶,是草原文化的主要形式,也突出了敢于忍受艰辛和斗争的草原人民的形象。爱驰马和善骑射是草原人民的传统,因而蒙古族也被称为"马上民族"。蒙古族人民爱马、骑马的历史悠长,他们与马匹一同创造了灿烂的文化,从祖先崇拜的图腾开始,到蒙古马被驯化为草原民族的朋友,蒙古马伴随着整个草原民族和人民的成长与发展。蒙古马原产自蒙古高原,经过蒙古人民长期以来的精心培育,驯服的蒙古马在战场上是勇敢的,并始终都是优秀的战马。渐渐地,蒙古马与蒙古民族结下了深厚的感情,它成为草原牧民不可或缺的生产工具和生活伴侣,特别是蒙古骑兵和战车的出现,更为深刻地影响了世界上许多民族的繁荣与衰亡。

蒙古马不仅是马背民族的交通工具,也是草原文化的重要组成部分。

根据考古发现,几乎所有北方草原地区都发现了不同时代的蒙古马化石,蒙古马因其特殊的物种基因,使其对严酷的生存环境具有极强的适应性,耐寒性、耐旱性、抗粗饲料、易于生长、寿命长等特性,都是它得以生存的法宝。虽然蒙古马的外形并不高大威猛,既没有威风凛凛的气势,也没有健硕壮美的线条,然而在风雪飘摇的草原上,蒙古马从不畏惧艰辛,从而,在人类文明中逐渐形成了一个历史产物——"蒙古马精神"。正是蒙古马的独特个性和不凡精神实现了草原民族的跨越式发展,草原人民才得以不断取得成就。

吃苦耐劳、一往无前的"蒙古马精神"植根于草原文化,又独具民族特性,有良好群众基础,这是对草原文化所倡导的"崇尚自然、践行开放、恪守信义、奋发图强"核心理念的继承与发展,两者实质上高度一致。首先,尊重自然是草原文化之本,它是草原人民敬畏自然、珍惜生命,与自然和谐共生的理念的总结,体现了草原民族与自然环境的紧密联系。人与自然和谐共生的理念为草原文化留下了鲜明的印记。它也对"蒙古马精神"的形成产生了重要影响。蒙古马最显著的特点是它们具有很强的耐力,尤其擅长远程跋涉,在恶劣的自然环境中蒙古马不惧冷热、不畏艰险,以坚韧不拔的毅力克服重重困难,任何恶劣的气候和环境,都阻挡不住蒙古马前进的步伐。崇尚自然、顺应自然,利用自然,与自然和谐共生,是蒙古马在草原上的生存要义,"蒙古马精神"在实质上体现了一种人与自然和谐相处的崇高境界,在其中人与马之间已经结成了强大的生命共同体。其次,知难而进、无所畏惧、一往无前是蒙古马的又一重要品格,即使在如此恶劣的生存环境中,蒙古马依然具有坚韧不拔的毅力,与勇敢的骑士一道秉承以奋发图强为核心理念的草原文化奋力拼杀。蒙古马常常肩负着迎寒霜、战疆场的重任,它的足迹遍布了整个北方大草原。在战场上蒙古马只要接受指令,就无所畏惧、勇往直前,任何障碍都阻挡不了它的凌厉攻势,它始终都保持着勇于进取的昂扬锐气。

此外,恪守信义是草原民族以诚配天、以义为本、大道诚信思想的概括,信义是草原民族伦理道德体系的基石,在草原文化中起着引导作用。崇信重义是中华民族优秀的传统美德,而草原民族更是把信义当作立身之本。恪守信义是草原民族最重要的民族信仰,对草原人民来说信义超过金银财富甚至是生命,诚信和道义是社会发展的基石,也是一切社会关系的起点,是草原人民对于人与人、人与自然关系的最直接也最真诚的情感表达。而在草原人民的生活中,马历来有忠于主人、忠于职守的美誉,被称为"义畜"。天灾、强敌来临时,蒙古马不惜牺牲自我,保护主人和家乡,赤胆忠心的蒙古马作为边疆各族人民的亲密伙伴,无论条件多么艰苦、路途多么遥远,蒙古马都默默承受,担负极为艰苦的工作而无怨无悔、甘于奉献,与战士一道戍守在荒凉艰苦的边防,青草果腹便英勇拼搏。蒙古马所具有的忠肝义胆,正是源于草原文化对信义的坚守。因此,"蒙古马精神"的"坚韧不拔、勇往直前、忠于职守、甘于奉献"的突出特征,正是万千草原儿女经过历史的沉淀与实践的熔铸,共同创造的草原文化结晶。

草原文化作为中华文化的动力和源泉之一,在世界文明发展史上也发挥了不可替代的重要作用。"草原丝绸之路"是最具代表性和颇具影响力的草原文化之一,蒙古马在此间起到流转信息的关键作用,游牧民族作为草原文化创造的主体,是世界文明中贯穿中西通道、影响世界格局、沟通中西交流最活跃的流动因子。"草原丝绸之路"在东西方之间的交流历史上发挥了重要的作用,牧民们在长期的移动和迁移的过程中,不仅扩大了国家的发展空间,同时也走出了固定的、纵横交错的用于往来迁徙的各种通道,其中一些通道逐渐延伸演变成重要的中西交通大通道。这些通道,不仅增强了游牧民族内部之间的沟通和凝聚,也促进了游牧民族与其他国家、地区的交往。先秦时期,西方就有基本固定的通道将东亚、中亚、西亚和欧洲联系起来。通过出土于史前时期和夏商周时期的玉器、青铜器,学者们确认了一条在先秦时期就已经存在的"玉石之路",也称"青铜之路"。这条路由西向东传播着玉料、玉器、青铜器,连接着西亚、中亚以及中国北方草原地区和中原地区。公元前 2000 年至公元前 1100 年间,活跃在欧亚草原上的游牧民族凭借其军事优势不断征服和纳入其他文明。公元前 8 世纪,游牧文化开始对中亚、南亚及东亚的文明产生深远影响。这一影响在中国的东胡、匈奴等北方民族的青铜器、金银器艺术中表现得最为突出。"玉石之路"与游牧文化的东渐路线都经过了漫长的形成过程,逐渐与后来的"草原丝绸之路"相重合。

"草原丝绸之路"在张骞开通"丝绸之路"以前的东西方交流史上发挥了重要作用,尤其是中原的文化元素,通过"草原丝绸之路"逐步西渐中亚、欧洲等地,向西方打开了了解东方的窗口。除了"草原丝绸之路",突厥、回纥、契丹、党项、女真、蒙古等民族在充分利用"草原丝绸之路"的同时,陆续开通了四通八达的回纥道、参天可汗道、驿道、商道等通道,不同文化的交流补充了更加便利的渠道。游牧民族的迁徙流动使东西方之间的交流更加活跃广泛,草原文化的活跃性还表现在因游牧民族的西迁而改变了世界民族及国家的分布格局,深刻地影响着世界历史的进程。其中,匈奴西迁及一系列的征服活动虽有很大的侵略性和破坏性,但在客观上推动了欧洲民族大迁徙与民族大融合,加速了西罗马帝国的灭亡。突厥诸族的西向发展、契丹贵族耶律大石西迁以及对中亚等地区的相继统治,进一步将本民族文化和中原文化传播到中亚及以西地区,为东西交流的重要平台和媒介。在蒙古西征之后,被征服的中亚和东欧地区建立了四大汗国,连环反应般地引起了广泛的民族迁徙和民族分布格局的变化,打破了许多民族的封闭和孤立形势,这迫使一些民族开始了大规模的长途迁移,为多民族融合奠定了基础。

除此之外,包括制度文化、宗教信仰、科学技术等方面的精神文化交流也显而易见。蒙古族将西方天文历法、数学、力学、地理学等学科引入中国,极大地丰富了中国科技文化,同时又让中国的艺术品、医疗技术等各种文化元素走向中亚和西方。东西方文化的双向交流因游牧民族的迁徙、流动而生机勃勃,极大地丰富了中西方人民的生活。蒙古马一直被视作交流沟通的使者,在历史上"草原丝绸之路"的漫漫旅途中,运送来往人员、驮送交换货品,忍受着极端恶劣苛刻的自然环境条件,来来往往于这条开拓交流之路。蒙古马在"草原丝绸之路"上,不仅仅承担着东西方物质往来交换的任务,同时也扮演着东西方多元文化相互传播交流的角色。而正是因为蒙古马所具有的吃苦耐劳、一往无前的精神品质,它才能穿越遥远的"草原丝绸之路",才使得东西方的交流沟通能够更为通畅和频繁,也逐渐在草原文化中培育出伟大的"蒙古马精神",为草原文化增添了丰富多彩的内容。

二、蒙古马精神是孕育草原文化特色的基础性资源

(一)"蒙古马精神"是草原文化的重要源泉

蒙古马作为世界现存的古老马种之一,在长期生存繁衍的过程中形成了独特的品格和精神,蒙古马不仅是运输货物的工具,更是"草原丝绸之路"不可替代的使者,一步步开启与西方文化交流的大门。正是有了蒙古马,才使得草原文化如此绚丽多彩;正是有了"蒙古马精神",才更加突显草原文化的核心理念。"蒙古马精神"中蕴含的孕育草原文化特色的基础性资源主要包括以下内容:

首先是尊重自然。物竞天择、适者生存,一种生物只有适应外在的生态环境,才能得以不断地生存和发展,否则就会被环境所淘汰。蒙古马在这片草原上经历了变化多端的生存环境和干旱、严寒、风雪等极端气候,也是最了解内蒙古地域辽阔状况和自然条件差异的,为了在这片大地上继续繁衍,蒙古马不断随着变化而变化,是草原文化"尊重自然"核心理念的"创始人"。其次是吃苦耐劳。蒙古马虽然没有国外纯血马那样高大,但是它们体质健壮,抗病力强;皮毛浓厚,不怕寒冷;不择食,耐粗饲;持久力好,极耐劳苦,远行途中不用喂饮。蒙古马很早就成为骑乘和运输工具,成为牧民财富和地位的象征,蒙古族也因此被誉为"马背上的民族"。在岁月长河中,蒙古马早

已与草原和草原人民成为无法分割的整体，为草原文化增添色彩。再次是开放包容。健壮的蒙古马群奔驰在辽阔的大草原上，它们一出生就跟随母马在马群里过着集体生活，失散多年的蒙古马都能准确识别它们的直系亲属；后天严酷的生存环境更是增强了它们团结协作、相互包容的精神。为了维护马群的安宁，马群内部有着明确分工。草原上正是因为有这样精灵，才孕育出"开放包容"的理念。最后是稳中求进。蒙古马不畏困难和艰险，能够始终保持不断前进的气势。依据步伐，蒙古马可以分为跑马、走马、小颠步；跑马能疾如闪电，适合作战和狩猎；小颠步适合日常代步；而蒙古马特有的走马则适合长途跋涉。这充分体现了蒙古马良好的自控力，它能忍着周围其他马放蹄狂奔的诱惑，而不乱自身的行走节奏，成就了蒙古马顽强的生命力和强大的忍耐力。蒙古马的"稳"为草原的"稳"奠定了基础，因而草原文化也犹如"蒙古马精神"一般，流传至今。

诚如蒙古马始终陪伴着草原儿女，"蒙古马精神"也深深扎根于草原文化之中，是其内涵的灵魂所在，集中反映了草原文化的本质和精神特质，是草原民族生态观、开放观与诚信观的最高层次的概括。新时代，党中央要求推进内蒙古民族文化强区建设、动员全区各族群众积极投身守卫祖国边疆、共同创造美好生活当中，就要认识到必须挖掘"蒙古马精神"，使其成为全区人民努力实现目标的动力源泉。

（二）弘扬"蒙古马精神"，增强内蒙古草原文化软实力

内蒙古自治区是草原文化的重要发祥地，草原文化是蒙古民族生生不息、勇往直前的精神动力，是少数民族美好的精神家园，是中华优秀传统文化的重要组成部分。草原文化作为具有鲜明地域特色和民族历史积淀的文化类型，同黄河文化、长江文化交相辉映，相互渗透，共同造就了博大精深、源远流长的中华文明。在草原文化理论体系中，草原文化核心理念居于中心地位。作为自治区社会主义核心价值体系建设的重要内容，草原文化核

心理念在促进自治区民族文化强区的跨越式发展,在全力打造经济发展、民族团结、文化繁荣、边疆安宁、生态文明、各族人民幸福生活亮丽风景线的创造性实践中,在实现内蒙古科学发展乃至全面建成小康社会的进程中,具有重要的动员和引领作用。草原文化是助推我区经济社会持续健康发展、融通绿色发展理念、提高全社会科学发展认知和实践水平的强大文化力量。然而随着当代城市化的发展,草原文化面临着被其他文化冲击、颠覆,甚至被人们淡化、遗忘的尴尬境地。"蒙古马精神"为草原文化提供基础性资源,是草原民族吃苦耐劳、一往无前精神的形象表达,同时,"蒙古马精神"与草原文化的核心内涵相结合,使草原文化更具有时代价值。民族精神是民族传统文化的积淀和精髓,但它不是一成不变的,它要随着实践的发展而发展。在弘扬优秀中华民族精神的同时,要结合时代和社会发展的需要,为民族精神增添新因子,培育新的民族精神以丰富民族传统文化。"蒙古马精神"作为草原文化的优秀传统,就是我们为草原民族精神增添的新因子,在大力弘扬"蒙古马精神"的同时更要与草原文化相呼应。它所表现的吃苦耐劳、一往无前的精神正是对草原文化优秀传统的继承和弘扬。尤其如何让草原文化主动适应新形势、新时代,取得决定文化发展方向的自主地位,是近几年学者们研究的课题。要传承草原文化的优秀传统,首先要对草原文化有文化自觉、文化自信,最终实现文化自强。在加强草原文化的现代转型时,不能丢掉草原文化的鲜明特色和历史价值,要不断凝炼属于草原文化的核心价值观,"蒙古马精神"正是植根于草原文化的有鲜明草原特色的核心价值观。着力培育和弘扬"蒙古马精神",要深入挖掘和阐发"蒙古马精神"的内涵,"蒙古马精神"是我们加强草原文化转型的重要资源,是增强内蒙古草原文化软实力的必然选择。以培育和弘扬"蒙古马精神"为契机,与草原文化核心内核相结合,推动新时代下草原文化软实力的建设和发展。

蒙古马早已内化成为一种精神和象征,成为马背民族的一种文化图腾,蒙古族特别崇拜和敬畏蒙古马。牧民将马奶视为祭天、祈福、辟邪的圣物,这也是为什么很多蒙古族牧民在经济收益有限的背景下,仍然坚持饲养蒙古马的重要原因。当前全国生态任务紧急,内蒙古最为北疆的重要地区,生态状况的好坏直接影响全区各族群众的生存和发展,甚至影响到华北、东北、西北乃至全国的生态安全。因而,习近平总书记提出了把内蒙古建成"我国北方重要的生态安全屏障"的要求,对此应大力弘扬"蒙古马精神",不忘蒙古族人民与蒙古马和谐共生的关系,丰富草原文化,筑牢生态安全屏障。要推进草原生态保护,必须理解草原生态危机的文化根源,充分认识到草原不仅具有经济价值,还具有更为重要的生态价值和文化价值。"蒙古马精神"内涵丰富,风格独特,同草原饮食文化、酒文化、歌舞文化一样,都是独具特色的文化资源,作为重要的文化遗产、精神资源和思想源泉,能够为草原生态保护提供有益借鉴,因此,弘扬"蒙古马精神"是推进草原生态保护的重要手段。只有认真凝炼、深入挖掘和广泛普及"蒙古马精神",不仅能够为草原生态保护提供坚强的内在动力,而且是落实习近平总书记"守好内蒙古少数民族美好的精神家园"重要指示,凝聚内蒙古各族干部群众干事创业、努力实现富民强区的行动措施。

蒙古马以其顽强的生命力和超强的忍耐力适应了非均衡的草原生态环境,才能得以持续的生存和繁衍;以驯养蒙古马为主要标志,蒙古民族开始游牧生产生活,保障了自然生态的平衡和发展。草原上天高地阔,自然气候时有突变,草原民族的游牧生产逐水草,常迁徙,具有脆弱性和非自足性的特点,这些必然促成草原民族注重互助、看重交往的开放思想;草原民族从不自我封闭、固步不前,而是在游牧生产实践的基础上,在经济交流方面与中原、内地及世界沟通等方面铸就了草原民族开放的心态、豪放的性格和进取的精神。在开放的外衣下,应该看到草原文化中不放弃、勇敢谋出路的形象。在受到地缘、环境等多种因素的影响下,顽强的蒙古人并没有放弃,而是勇于探索、积极面对,这是"蒙古马精神"中的勇敢、坚强精神的文化延续。在艰苦的自然环境中,蒙古马坚强的精神使它可以过雪原穿沙漠,它是坚强的斗士。这也是对草原文化中开放核心的扩充，"草原丝绸之路"是"丝绸之路"的重要组成部分，它沟通了欧亚大陆的商贸往来。

牧民作为草原上重要角色，与草原文化发展和草原生态保护息息相关。在国家草原生态保护政策倡导转变畜牧业生产方式，由传统的游牧粗放型畜牧业转变为现代的集中舍饲型畜牧业，牧民需要为此付出更多的辛勤劳动，因此，弘扬"蒙古马精神"，增强牧民吃苦耐劳精神成为当务之急。首先，要增强牧民对草原牧区的内在认同感。在城镇化政策导向下，许多牧民未来生活的重心已经转移到了城镇，失去了对草原牧区的认同之后，草场只是简单成为其在城镇立足发展积聚实力的场所，为了获取更多的现金收益，许多牧民在草场流转过程中大多会选择"一年一租"，对短期承租者的过牧行为疏于监管。此外，草原文化的发展要求有良好的生态环境，畜牧业生产同样需要牧民之间的团结协作。草原承包责任制的推行不仅容易导致有限草原的过度使用，还容易因为草原边界权属不清等问题引发矛盾纠纷。目前许多地区的牧民在积极探索联户经营模式，打破草场边界，努力实现草场的共管共用，在这一过程中，"蒙古马精神"中的团结协作、开拓进取意识将成为冲破草场藩篱的积极力量。

提高我区草原文化软实力，必须弘扬"蒙古马精神"，且做到内化于心、外化于行。将蒙古马视为草原五畜之首，这是蒙古族牧民在长期的生产生活实践中的切实感悟，体现了顺应自然、尊重自然及人与自然和谐相处的生态哲学。反观现在的许多草原文化发展政策，都是在强化国家的作用，牧民的主体地位被不断弱化。草原文化的发展要在良好生态的基础上，然而现实中草场生态退化，甚至包括蒙古马数量急剧减少都是现代化、市场化背景下的牧民被动选择。因而要弘扬"蒙古马精神"，关键要守护牧民心中的蒙古马情结，习得人与自然和谐相处之道；就是要激发牧民主体地位，使其能够认同并参与草场生态治理和草原文化的传播；就是要探索适宜当地的草场资源利用方式，尊重牧民的地方性知识。提高我区草原文化软实力，必须弘扬"蒙古马精神",且做到扎根现实、统筹兼顾。蒙古马虽然自 2000 年被列入第一批国家级畜禽资源保护名录,但仍难逃数量锐减的厄运。与草原生态保护类似,只有适度开发,满足牧民生计需求,才能保障草原生态保护的可持续性,从而增强草原文化软实力。

在草原上弘扬"蒙古马精神"也必须植根现实,依托马业发展。适应经济社会的迫切需要与生态环境的现实变化,传统养马业逐渐转为现代养马业,从役用马业转变为文化、体育、竞技、休闲于一体的非役用新型第三产业,不仅促进了养马业的繁荣、草原旅游资源开发,而且极大满足了城市居民的休闲娱乐需求,有助于让更多的人切身体会到人与自然和谐融洽,感受到"蒙古马精神"的内在魅力。提高我区草原文化软实力,必须弘扬"蒙古马精神",且做到开拓创新、善做善成。文化的发展离不开经济强大的支持,"蒙古马精神"要贯穿于深化改革开放的全过程,体现在经济社会发展的各领域,因而在发展草原文化的过程中,"蒙古马精神"的传承有赖于建立相应的制度保障机制和监督制约机制。例如,通过发展牧区专业合作组织、健全基层社区选举制度等一系列制度创新,让牧民参与草场生态治理政策和文化传播方式的制定执行过程,保障牧民主体地位;总结推广草场联户经营的制度经验,改革草场家庭承包责任制,完善牧民与草原生态保护之间的利益联结机制,增进社区认同感和归属感,激发牧民保护草原的主动性。之外,还要改革完善社区低保发放、牧区金融信贷等制度,培育牧民吃苦耐劳精神,激发其干事创业的热情。

三、新时代的"蒙古马精神"与草原文化

新时代仍要继续着力培育和弘扬"蒙古马精神",内蒙古发展的新时期弘扬"蒙古马精神"可以传承和继续发展草原文化,为草原文化赋予新的时代意义,这也是草原文化的新时代特征,有利于推进内蒙古"一带一路"建

设。伴随时代发展,全球化和信息多元化趋势加强,其他文化对草原文化的影响与冲击逐渐显现,如何使草原文化在新形势、新时代下焕发新的活力与生机,推动内蒙古经济社会发展,也成为近几年的重要议题。传承和发展草原文化,既要坚守传统文化中的优秀特征和历史价值,又要与时俱进使草原文化具有时代性,而"蒙古马精神"以其丰富的内涵满足以上两点要求。因而,着力培育和弘扬"蒙古马精神",对传承草原文化有重要的意义。草原文化的包容开放特质、合作互利精神和生态价值观与新时代构建人类命运共同体的多元价值观、全球意识、人与自然共生理念相互契合。

党的十八大以来,习近平总书记以卓越的政治家和战略家的宏大视野和战略思维,高瞻远瞩地提出构建人类命运共同体的重要思想,为全世界提供了"建设一个什么样的世界,如何建设这个世界"的中国智慧和中国方案。2013年,习近平总书记又提出"一带一路"倡议,借用古代"丝绸之路"的历史符号,推动发展与沿线国家的经济合作伙伴关系。蒙古国总统和哈萨克斯坦总统都把马作为国礼赠送给习近平总书记,马作为和平使者的形象正在得到不断强化,因此,"蒙古马精神"可以成为我们崇尚和平、热爱和平、践行和平的形象标识,可以帮助我们确立丝绸之路经济带建设过程中和平发展的话语权。"草原丝绸之路"是"丝绸之路"的重要组成部分,它沟通了欧亚大陆的商贸往来,它以其便捷灵活的特性使得商品流通效率极高,相较于其他交通方式的丝绸之路,"草原丝绸之路"所承载的文化其影响力和传播范围也就更为广阔。而蒙古马作为"草原丝绸之路"的重要运输工具,挖掘"草原丝绸之路"的历史和文化,便自然不能脱离蒙古马,更不能脱离蒙古马身上所承载的精神。弘扬"蒙古马精神"是草原文化交流中的深层内涵和内在要求,启示人们共同秉承勇猛刚毅、奔腾向前的精神,共同致力于"一带一路"建设。

"蒙古马精神"已融入内蒙古自治区各族人民的血脉,成为各族群众团结奋斗、开拓进取的重要精神源泉与纽带,进入改革发展的新时代,"蒙古马精神"的内在价值和重要性更加凸显出来。着力培育和弘扬植根于草原文化、具有民族特性、有良好群众基础的"蒙古马精神",已经成为时代的需要,它是新时代各族人民团结奋斗、开拓进取的重要精神源泉。学习和探索"蒙古马精神",有利于进一步深刻认识草原文化的深层底蕴和深厚内涵,尤其是草原文化中人与自然和谐共存的理念,对当今世界永续发展具有借鉴意义;有利于进一步推进内蒙古"一带一路"建设,推动内蒙古经济社会的发展。

第二节　"蒙古马精神"是各族人民团结奋斗、开拓进取的重要精神源泉

"蒙古马精神"是各族人民团结奋斗、开拓进取的重要精神源泉,在内蒙古改革发展的新时期,倡导各族人民群众弘扬"蒙古马精神",通过驰而不息的艰苦奋斗,把发展蓝图变为美好现实,努力让全区各族人民共享祖国和家乡发展成果,对推动内蒙古各项事业全面发展具有重要的现实意义和历史意义。

一、"蒙古马精神"是民族文化的演化

蒙古族是"马背上的民族",马是蒙古人的民族符号和文化名片,马不仅满足了蒙古人的物质生活的需求,且升华为精神寄托和文化图腾,历经悠悠的蒙古族历史和蒙古族传统文化的演化,逐渐形成了"蒙古马精神"。蒙古族传统文化具有开放和广阔的视野,蒙古族既能形成独特的民族特点,同时也具有中华民族共同文化的特质,因此,"蒙古马精神"的形成也绝离不开中华民族优秀文化的影响,它既是在蒙古族传统文化发展中不断形成的产物,

也是在中华民族优秀文化演化过程中逐渐形成的产物。

（一）"蒙古马精神"是蒙古族传统文化的演化

关于蒙古族传统文化的基本精神，"蒙古族传统文化的基本精神主要是以英雄精神、自由精神、务实精神、开拓精神这四种形式表现出来"。英雄精神不仅是神明崇拜，也是蒙古民族自强不息的民族性格。在极端的自然条件下生存和发展，蒙古族人民不仅需要自然的恩赐，更需要自身的奋斗，英雄精神就是这种心理的表达，既给人心理安慰，又给人鼓舞激励。自由精神与蒙古高原地域辽阔和蒙古族游牧的生活方式有关，人们的活动空间宽阔、回旋余地充足，因而蒙古族人民追求无拘无束的生活方式，始终向往自由状态。务实精神是由残酷的自然条件和动荡的社会境况塑造的，蒙古族人民在应对自然环境时，切实地选择了畜牧业和狩猎业；开拓精神主要表现在两个方面，一是蒙古族逐水草而居的迁徙活动、二是征服战争。

在古代，蒙古民族的祖先生活在广阔的蒙古高原，他们之所以能够较快地跟上世界历史文明的脚步，原因就在于在他们以游牧为主要方式进行生产生活时，就开始驯化马作为他们的有力帮手，因而在整个北方草原文明形成的过程中马所起的作用，在一定程度上超过了人自身的作用。蒙古马具有优于其他牲畜的耐力、速度和力量，这在严酷的草原环境下极具优势，加之蒙古祖先逐水草而居，他们的生产生活越来越离不开蒙古马的帮助，因而蒙古祖先衍生了对大自然和蒙古马的尊崇之意，蒙古马也进而成为北方蒙古民族的图腾象征。伴随着蒙古民族创造了悠久而灿烂的游牧文化，伴随着国家和民族的发展，蒙古马已从古老的图腾崇拜变为一种文化的象征。不论跨越了多少个历史阶段，蒙古马的勇猛、坚毅、奔腾向前的精神始终伴随影响并融合于这个民族，成为其民族精神的本质所在，它不单单是其民族精神的象征，更是其民族精神的体现。五千年来蒙古民族同蒙古马生死与共，创造了令世人震惊的丰功伟业，"蒙古马精神"的底蕴与内涵正是在这澎

湃的历史长河中积淀而成的。

"蒙古马精神"在蒙古族传统文化的演化过程中,逐渐形成并丰富发展,自然而然地具有蒙古族传统文化中的诸多特征,并且也包含着蒙古族传统文化中的基本精神。蒙古人在马背上得到天下,蒙古马在璀璨的蒙古族文化中发挥了不可替代的作用。从13世纪初,在蒙古民族从分裂走向统一时,蒙古马的时代便已经开始。马是蒙古族人民的好朋友,也是他们的好伙伴,马对于蒙古民族的人民就如同水对生命一样重要。祖祖辈辈过着游牧生活的蒙古人,积累了丰富的养马经验,能率领骑兵打下天下的一代天骄成吉思汗,他所建立的大帝国都与马有密不可分的关系。蒙古马能经得住最艰难困苦的生涯,也经得起劳累、耐得住寂寞,毫无畏惧地迎难而上,不达目的绝不罢休。它在历史长河中,经受住来自大自然的风吹雨打,抵抗了无数猛兽的侵袭,抵御得住来自一切敌人的生死拼搏,它与自己的身体极限对抗,与外界的一切艰难险阻相抗衡,最终既谋求了生存繁衍,又成就了蒙古战士和蒙古马的世代功勋。"蒙古马精神"深深地影响着人们,特别是在民族文化历史发展的长河中,"蒙古马精神"世世代代鼓舞着草原人民。

总之,对于蒙古民族来说,在与大自然的长期搏斗和激烈的征战中,马的驰骋之功起着重要作用。蒙古马作为值得歌颂、赞美的永恒主题深深地积淀在"马背上生,马背上长"的蒙古族人民心中。蒙古族人民把马当作自己的生命,视马为自己的亲人,对于蒙古族人民来说,马是美的化身,更是忠实的伙伴。蒙古族传统文化中有关马的民俗、以马为核心的人类文明创造、蒙古马的历史传说、蒙古马的艺术形象,等等如此都构成"蒙古马精神"深层内涵的历史渊源。"蒙古马精神"是蒙古民族传统文化不断演化的成果,蕴含着蒙古族传统文化的核心精神,体现了蒙古族传统文化的鲜明特征。

(二)"蒙古马精神"是中华民族优秀文化的演化

某种精神背后所体现的是这个民族的历史和文化的传承和积淀,中国是一个统一的多民族国家,中华民族的优秀传统文化在历史长河中共享和发展,各民族尽管有许多差异,地域文化、风俗习惯等也各有特色,但族群也都经历了很长一段时间的相互融合,并在中华民族的悠久历史中相互影响。"蒙古马精神"不仅是蒙古民族的精神财富,它也属于中华民族,"蒙古马精神"在其形成发展过程中同样受到中华民族优秀文化的影响,它既是蒙古民族传统文化演化的成果,也是中华民族优秀文化演化的产物。

中华民族优秀传统文化是中华文明成果的基础创造力,这是道德、文化思想和精神理念的历史整体继承,其重要内容包括统一和团结、自强不息、厚德载物等。

首先,追求团结统一是贯穿中华五千年的基本历史走向,主要是指各民族在共同利益和目标基础上,促进各民族的统一精神,形成意志和行动的凝聚力。其中,民族团结是国家统一的必要条件,国家稳定是民族发展的根本保证。历史屡次证明,团结统一是中华民族的立身之本。近现代中国面临内忧外患,团结统一的优秀文化在当时得到最好彰显。面对家国破碎,各族人民作为中华民族大家庭的一员,团结起来一致对外斗争,共同抵抗外敌入侵,共同捍卫家园,这是我们最终赢得战争并建立起人民当家做主的中华人民共和国的重要精神支柱。

其次,自强不息是中华民族优秀文化中的又一重要内容。中华民族始终坚持以自强不息的守则,即使在逆境中也从未放弃,通过不断拼搏奋斗终于矗立世界民族之林。从远古至今,自强不息在中华民族的悠久历史充分体现,从无到有的开拓创造、服务于国家大志和抵御外来侵略者……远有"天将降大任于斯人也,必先苦其心志,劳其筋骨""修身、齐家、治国、平天下",近有共产党领导下全国各族人民实现从站起来、富起来、强起来的伟大飞跃;还有文天祥的"人生自古谁无死,留取丹心照汗青",近有谭嗣同的"我自横刀向天笑,去留肝胆两昆仑",抗日战争时期的"一士山河一寸血"。面对民族大义、国家兴亡,自强不息的中华民族优秀文化鼓舞千万中华儿女驱

除敌寇、保卫国家。

再次,中华民族在历史发展进程中包容了无数地域文化和少数民族文化,各民族在相互融合中,共同缔造和发展了多民族的伟大国家,推进了历史的向前发展。从这个意义上讲,民族并非自然的存在物,而是一种文化的共同体。中华民族优秀文化极为重视道德,万事以德为先,《易经》里说"厚德载物";《大学》里讲格物、致知、诚意、正心、修身、齐家、治国、平天下。中华民族强调以深厚的德泽育人利物,厚德方能载物。德行和品格之于个人乃是立身之本,行万事都应以立德树人为先;而之于民族和国家,则是其巩固发展的基石,关乎整个民族和国家的长治久安与兴旺发达。

"蒙古马精神"和中华民族优秀文化的内在关联,归根结底是共性和个性的关系。"蒙古马精神"中既体现着中华民族优秀文化重要内涵,同时兼具本民族特色;而中华民族优秀文化则是寓于如"蒙古马精神"般的特殊中,并且通过如"蒙古马精神"般的特殊所表现出来。中华民族优秀文化是"根"与"源","蒙古马精神"则为"枝"与"流",中华民族优秀文化为"蒙古马精神"奠定形成与发展的总基调,而"蒙古马精神"则是对中华民族优秀文化的继承与发展,是中华民族优秀文化不断演化的产物。"蒙古马精神"中坚韧不拔是对中华民族优秀文化中"自强不息"的继承,忠于职守、甘于奉献的"蒙古马精神"是对中华民族优秀文化中"厚德载物"的发展。

"蒙古马精神"是中华民族精神与蒙古民族特点的结合,是内蒙古人民革命、建设的强大精神动力和力量源泉。

第一,"蒙古马精神"继承和发展了团结统一的中华民族优秀文化,蒙古马喜欢群居、和睦相处。它必饮清澈之水,必食新鲜之草,从不伤害其他动物,也大多有和睦的家庭,父母对子女呵护备至;马驹一旦远离群体,做父母的一定把它找回;猛兽侵袭,母亲护卫着子女,父亲则拼出全部气力同狼展开搏斗,直到恶狼落荒而逃。当蒙古马遇到危险,它们总是团结一致、奋力反抗,最终化险为夷。

第二,"蒙古马精神"突出体现了中华民族优秀文化中自强不息、坚韧勇敢的特征。蒙古马一往无前的精神使它可以有作为战马的荣耀,成为勇敢的代名词。作为以吃苦耐劳、一往无前的闻名于世的蒙古马和它守护的蒙古人民以自强不息的精神,在党中央的领导下取得了自治区七十余年发展的辉煌成绩。再有,蒙古马与其他马相比,最大的优势就在于其有惊人的耐力,条件越艰苦越能够展示它的优势。千百年来,它不畏严寒与风雪,驰骋在茫茫无际的草原,同内蒙古人民书写着不朽的英雄赞歌。另外,内蒙古地区多为草原和荒漠戈壁,再加上荒漠化严重,因而风沙肆虐,严重的危害着人民的生命和财产安全。内蒙古各族人民在吃苦耐劳、自强不息、坚韧勇敢的"蒙古马精神"的指引下,用长达二十年的时间退耕还林、植树造林,极大改善了内蒙古的生态环境。

第三,"蒙古马精神"所表现出的忠于职守、眷恋家乡,就彰显了中华民族优秀文化中"厚德载物"的内涵。蒙古马忠于且深爱着它的主人和家乡,当危难来临时,它用自己短小而精悍的身躯托起一个民族,始终与主人和家乡并立而行、并肩奋战,为自己的主人流血流汗、尽心竭力、鞠躬尽瘁,穿梭在风霜雨雪里。骏马飞奔,做战士的翅膀;骏马卧倒,做战士的掩体,战士伤了,骏马千方百计把战士弄上自己的肩背,驮下战场。而受"蒙古马精神"启迪的内蒙古各族人民一路走来,也同样为着自己的民族、家乡与祖国挥洒热血,从抗日战争的英勇杀敌到内蒙古自治区七十年团结奋斗的风雨兼程,正是秉承厚德的"蒙古马精神"承载了家乡和祖国的成就。

"蒙古马精神"已演化为伟大的民族精神,成为中华民族的宝贵精神财富。在改革开放的新时代,"蒙古马精神"与改革创新、锐意发展的时代精神紧密结合,将被赋予更为深刻的新的内涵,成为实现"守望相助"、建设祖国北疆、实现内蒙古发展历史性巨变的强大精神力量。

二、蒙古马精神是各族人民共有的精神家园

精神家园是指人们在精神层面追求的关于生活、支柱、动力以及信仰等方面的总和。对民族而言,精神家园根植于民族文化之中,能增强民族生命力、创造力、凝聚力,为民族团结奋斗提供精神动力。内蒙古自治区文化历史悠久,自古以来就是中国北方游牧民族的发祥地,也是悠久古老、博大精深的中华文化在北方的一个源头。而蒙古马就是这个北方游牧民族的摇篮,在草原人民生存繁衍的足迹中,蒙古马始终承载着民族繁衍发展的重任,且深深地融入蒙古人的精神世界当中。在感悟文明发展的同时,以"蒙古马精神"为代表的核心价值观,也被赋予新的内涵。"蒙古马精神"是一个民族历史文化的深厚积淀,体现出蒙古族特有的民族精神和审美追求,"蒙古马精神"也一直伴随着内蒙古各族人民,在内蒙古不同时期都有巨大意义,构建起我区各族人民共有的精神家园。

"蒙古马精神"是以爱国主义为核心的民族精神和以改革创新为核心的时代精神在内蒙古的地域体现。民族精神和时代精神是一个民族赖以生存和发展的精神支撑,在五千多年的发展中,中华民族形成了以爱国主义为核心的民族精神和以改革创新为核心的时代精神,成为社会主义核心价值体系中不可或缺的一部分;而内蒙古各族人民则在长期的历史发展中形成了坚韧不拔、甘于奉献、忠于职守、自强不息的"蒙古马精神"。民族文化认同的力量已深深熔铸在民族的生命力、创造力和凝聚力之中,而"蒙古马精神"就是内蒙古地区各族儿女共同认同的文化精神,不但加强民族自信心和自豪感,并且不断鼓舞内蒙古各族人民在不同时期顽强保卫自己的故土。一个民族如果形成了强烈的自信心和自豪感的文化心态,就能够在民族昌盛的时候,再接再厉,不断进取,争取更大的胜利;而一旦民族遇到挫折的时候,就能够坚韧不拔地奋斗,变失败为成功,视挑战为机遇,以坦诚乐观的态

度面对困境,用艰苦奋斗的精神开辟新局面,为民族的兴亡和国家的昌盛而浴血奋战。内蒙古自治区在"最危险的时候",能够克服艰难险阻,排除内忧外患,其内在动力源自内蒙古地区特有的"蒙古马精神"。发生在20世纪三四十年代的中国人民抗日战争,是中华民族抵抗日本帝国主义侵略的一场规模巨大的战争,是世界反法西斯战争的重要组成部分和东方主战场,是近代以来中国反对外敌入侵第一次取得完全胜利的民族解放战争。在这场战争中,内蒙古各族人民同全国各族人民一样,面临空前严重的民族灭亡危机。日本帝国主义发动"九一八"事变进而建立伪满洲国之后,加紧了对内蒙古地区亲日派的策动和扶植,对内蒙古地区采取公开的军事占领与隐蔽的政治阴谋同时并进的政策,为其全面发动侵华战争做准备。在这样的历史紧要关头,乌兰夫领导发动了百灵庙武装暴动,举起了内蒙古人民抗日救亡的义旗,沉重地打击了日本帝国主义推行"征服中国必先征服满蒙"的罪恶企图。由此,百灵庙这个名不见经传的草原小镇,一夜之间闻名遐迩,鼓舞了全国人民御侮救亡的斗志。正如毛泽东所评价的,这是"可贵的草原抗日第一枪"。然而日寇并没有放弃摧残这个顽强的民族,他们在内蒙古各地野蛮屠杀手无寸铁的无辜平民,残酷镇压抗日力量,大肆抓捕、迫害中国共产党党员和爱国群众;掠夺物资,发行货币,强征劳工,施放毒气,蹂躏妇女和儿童,毁坏和窃取文物,给内蒙古各族人民造成了巨大的创伤和损失,给草原文明造成了空前的破坏。勇敢的内蒙古各族人民并没有放弃反抗,在中国共产党团结带领下,创建大青山抗日游击根据地,建立蒙汉抗日游击队,开展承平宁地区的抗日斗争等,全区各族人民拿起武器英勇抗击日本侵略者,用生命和鲜血谱写了抗敌御侮、气吞山河的壮丽篇章。这些伟大的抗日英雄在冲锋陷阵时,像极了草原上的蒙古马,勇猛坚毅、吃苦耐劳、勇往直前。

内蒙古自治区成立70多年,已经书写了过去的辉煌,这是各族人民弘扬"蒙古马精神"的结果,同时这也开启了再出发的历史新起点。今后一个时期,国内外发展环境更加错综复杂,从总体上判断,内蒙古发展仍处于可以大有作为的重要战略机遇期,但仍存在挑战与风险,这就要求在新的环境背景下,更加正视"蒙古马精神",发挥其最大力量,不断提高内蒙古各民族的生命力、创造力和凝聚力。新时期的"蒙古马精神"继承了战争时期的内涵,又与时俱进的有了新的发展和升华,是以爱国主义为核心的民族精神、以改革创新为核心的时代精神在内蒙古的生动体现,是中华民族精神的重要组成部分,是当代内蒙古各民族共有精神家园的灵魂,并且"蒙古马精神"成为以现代文化为引领的集中体现。文化是一个民族的精神和灵魂,是国家发展和民族振兴的强大力量。以现代文化为引领,是自治区党委根据中央内蒙古工作座谈会精神,深入分析新时期新阶段内蒙古区情,审时度势做出的关系内蒙古发展全局的重大战略选择。以现代文化为引领,就是要坚持马克思主义在意识形态领域的指导地位,用社会主义核心价值体系引领多样化的社会思潮,用以爱国主义为核心的民族精神和以改革创新为核心的时代精神鼓舞斗志,以符合人类社会发展与世界潮流融合,大力发展先进文化,丰富精神文化生活,提升文明素质,凝聚各族人民的智慧和力量,努力弘扬吃苦耐劳、一往无前,不达目的绝不罢休的"蒙古马精神",促进各民族和睦相处、和衷共济、和谐发展。"蒙古马精神"体现了内蒙古人民的文化核心价值观,是内蒙古人民积极向上、奋发有为的精神坐标,伟大的时代所需要的伟大精神。当代"蒙古马精神"无论是在理论研究层面还是在行为实践层面,也无论是在社会心理层面还是在社会意识层面,都对全民族的价值取向起着积极的导向作用,这是其他物质因素所不能代替的,是驻扎在内蒙古各族人民心中的。20世纪五六十年代,国家先后动员7万多名专业技术人才落户内蒙古,支援边疆建设,张国忠正是其中之一。张国忠被派往白云鄂博,为建设中的高炉筹备矿石。在白云鄂博时的劳动场景,张国忠终生难忘:-30℃的天气,狂风暴雪刮得人睁不开眼,豆大沙粒抽打在脸上钻心得疼,工人们穿着白茬皮袄,皮帽子上扣着柳条安全帽,呼天喊地的劳动号子响彻云霄；夜晚，一起挤在帐篷里，挤在干打垒的土坯房里；端起饭碗，上面一层是刮进的沙土，嚼在嘴里嘎吱嘎吱地硌牙……一个日子，张国忠刻骨铭心——1959 年 9 月 26 日，包钢 1 号高炉首次出铁，终结了内蒙古"手无寸铁"的历史。2016 年包钢拆除 2 号高炉——这是一座凝结着包钢人光荣与梦想的"功勋炉"，可压减炼铁产能 133 万吨。如今的包钢集团，确立了以稀土为重心的发展战略转型，这意味着今后一个时期，包钢将不再以钢铁产能论英雄，而是把主攻方向放在"稀土+"上。包钢的发展历程，堪称内蒙古经济发展的一个缩影。包钢发展中的精神，是坚韧不拔、不言放弃的"蒙古马精神"，而无论是在张国忠身上，还是在数万包钢工人体内，总有一种精神引领着他们，不放弃、突破自我，也正是"蒙古马精神"在当代社会中所倡导的精神。

我们要弘扬"蒙古马精神"，构建各民族共有精神家园，为内蒙古高质量发展和长治久安凝魂、聚气、鼓劲、造势、给力。首先，要发扬坚韧不拔精神。中国世世代代的文化命脉所在就是坚强、有韧性，也是当代每个中国人生存发展的根本依托。作为一个内蒙古人要坚持这种精神，以此精神促进民族繁荣发展。其次，要懂得奉献。奉献是反映历史和现实要求的一种民族文化，是全人类共同的精神财富。我们要普及奉献文化，重塑奉献精神，尤其要用内蒙古和平解放以来，特别是改革开放以来自治区在经济社会建设、民生改善等方面取得的成就，激发人们奉献的热情，奉献于新的时代。大力倡导各族人民以奉献之心去相互欣赏、相互关爱、相互包容、相互帮助，凝聚起团结奋进、自强不息的伟大力量。第三，要团结互助。团结互助是内蒙古各族人民长期以来形成的优良传统，在内蒙古有着广泛深厚的群众基础。我们要继续发扬团结互助精神，以我所长补人之短，以人所长补己之短，达到互惠互利，共同进步，共同把我们的家园建设得更加美好。第四，树立开放意识。开放是一种姿态、一种思维、一种气度，是现代化社会发展的大势所趋。内蒙古各族人民从来都是以包容大气、海纳百川的胸襟和兼收并蓄的智慧,共同团结发展。站在新的历史起点上,我们要以更加开放的姿态,不故步自封,不抱残守缺,不因循守旧,不画地为牢,以思想的大解放促进事业的大发展,以观念的大更新推动跨越式发展。最后,要不断拼搏进取。拼搏进取精神是一个国家和民族绵延不绝的精神生命力,是一个地区自强不息、奋发有为的活的灵魂。在推进内蒙古发展的关键时期,我们必须始终保持积极进取的精神状态,敢闯敢干,以进取精神科学发展;敢作敢为,以进取精神后发赶超、促进和谐。

"蒙古马精神"是内蒙古各民族共有共享共建的,是各民族共同认可、达成"共识"的精神价值系统,是民族团结和谐的精神纽带,是各民族共有的精神家园,是各族人民共同团结奋斗、共同繁荣发展的思想基础。在新的历史时期,我们要弘扬"蒙古马精神",凝聚人心,鼓舞斗志,确立自觉的中华民族主体意识,形成各族人民面向未来的共同信仰和精神依托,从而为实现全面开启基本实现现代化新征程,把祖国北疆这道风景线打造得更加亮丽,创造优良的思想环境和强有力的精神保障。

三、蒙古马精神是指引各族人民团结奋斗的坚定信念

经过历史的沉淀与实践的熔铸,"蒙古马精神"已演化为伟大的民族精神,融入各族人民的血脉,在中华民族的生存发展中体现和升华,是中国共产党和中华民族的宝贵精神财富,它源于人类的伙伴——蒙古马,它赋予蒙古人、草原上的各族人民强大的精神力量,它深深扎根于中华各族人民的奋斗历程中,是中华民族精神的集中体现。在改革开放的新时代,"蒙古马精神"已与改革创新、锐意发展的时代精神紧密结合,被赋予新的内涵,成为实现各族群众团结奋斗、开拓进取的重要精神源泉与纽带;成为"守望相助",建设祖国北疆,打造亮丽的风景线,实现内蒙古自治区发生历史性巨变的强大精神力量。

新时代,在中国共产党领导下,在习近平新时代中国特色社会主义思想指导下,内蒙古自治区人民解放思想、干事创业、推进发展,以吃苦耐劳、勇往直前的精神,使内蒙古经济社会快速发展,经济实力显著增强,人民生活水平有了很大提升,经济社会发展进入新阶段。在努力把内蒙古建设得更加繁荣富裕和谐美好的征程中,"蒙古马精神"的力量,归根结底是中华民族信念的力量。坚定的信念是团结人民共同奋斗的精神纽带,这种精神是引领人民群众前进的旗帜,是战胜一切艰难险阻的精神支柱和力量源泉。在建设亮丽内蒙古的征程中,正是要运用这种信念的力量,灵活的使其体现在经济社会发展之中,从而引导各族人民为共同的目标、共同的利益而努力奋斗。新时代,倡导和弘扬"蒙古马精神",将会有力地凝聚各族干部群众的智慧和力量,激励和鞭策各族干部群众振奋精神、奋发图强,使民族地区经济社会发展水平不断跃上新台阶,使人民的生活水平不断获得新提升,推动各民族共同进步,从而始终保持边疆地区的发展和稳定。

习近平总书记曾饱含深情地说,"我们的人民热爱生活,期盼有更好的教育、更稳定的工作、更满意的收入、更可靠的社会保障、更高水平的医疗卫生服务、更舒适的居住条件、更优美的环境,期待孩子们能成长得更好、工作得更好、生活得更好。人民对美好生活得向往,就是我们的奋斗目标。"党的十八大以来,党中央始终坚持以民为本、以人为本执政理念,把民生工作和社会建设作为两大根本任务来抓,高度重视、大力推进,改革发展成果正在更多更公平惠及全体人民。在党中央的领导和各族干部群众共同努力下,内蒙古自治区迅速消除了旧社会长期形成和遗留下来的民族隔阂、民族歧视以及民族之间不信任等问题,建立起平等、团结、互助、和谐的社会主义新型民族关系,始终保持"模范自治区"的光荣传统。内蒙古各级领导干部和各族人民手挽手、心连心,共同团结奋斗,深入实施教育惠民工作,用自己双手为孩子撑起未来的蓝天,尤其针对牧区教育问题,坚持"优先发展"民族教育方针、蒙汉双语教育双语并行等措施,大力培养多民族教师队伍,实施人才兴区战略,培养了一大批少数民族专业技术人才,为自治区经济社会发展提供了强有力的智力支持,调动了各民族的积极性和创造性,有效促进了民族间的融合与发展。此外,积极推动政府机构改革、深化医疗卫生体制改革和调整完善生育政策,加快推动卫生、计生事业融合发展,全面深化医药卫生体制改革,告别"看病难、难看病"。同时,在社会保障体系和基本公共服务建设中也不断努力,使自治区人民的获得感不断提升。这些都是各族人民通过团结奋斗出来的,更是在"蒙古马精神"支持下得来的。内蒙古人民有吃苦耐劳、勇往直前的"蒙古马精神",不断开拓创新、无私奉献,始终保持吃苦耐劳、昂扬向上的精神状态和百折不挠、勇往直前的奋斗精神,推动了改革发展的旺盛精力,调动了全区干部群众干事创业的积极性、主动性,激发了各族干部群众的创造活力,增强发展的动力,使之更加自觉、更加坚定地投身到自治区改革开放和社会建设的实践中,努力提升人民的幸福感。

"蒙古马精神"是提升民族文化繁荣发展的重要内涵。国家的强盛、民族的发展,总是以文化的繁荣兴盛来支撑。民族文化是民族地区综合发展的标志,是经济社会发展的支撑。在民族文化的保护、传承、发展中,吃苦耐劳、勇往直前是民族凝聚力和创造力的重要内涵。在新时代的改革发展中,文化的重要性有着深刻的体现,其影响比任何时候都深刻。人类历史的发展一再证明,任何国家的强盛、经济的发展,都伴随着文化的繁荣。内蒙古自治区 70 多年的实践证明,中华文化、草原文化的不断繁荣发展,构成内蒙古自治区发展的重要前提,还必将在发展中发挥有力地引领和推进作用,必将为中华民族的伟大复兴做出贡献。2018 年 8 月 27 日,以弘扬"蒙古马精神"为主题的《中国·呼和塔拉马文化》艺术周盛大启幕。作为首府的一场大型文化活动,有着更为超前的引领意义。因此,这一仪式感极强的活动,从始至终贯穿着一条主线:弘扬"蒙古马精神",振奋人的精神面貌,为自治区的繁荣兴旺提供精神文化支撑。干事创业就要像蒙古马那样,有一种吃苦耐劳、一往无前的精神。通过驰而不息的艰苦奋斗,把一张张发展蓝图变为美好现实,让各族人民的日子越过越红火。在内蒙古改革发展的新阶段,倡导和弘扬"蒙古马精神",对于激励各族干部群众艰苦创业、开拓进取,推动内蒙古各项事业全面发展,具有重要的现实意义和深远的历史意义。内蒙古是我国传统的马业大区,马文化底蕴深厚,群众基础广泛,"蒙古马精神"已融入全区各族人民的血脉,成为各族群众团结奋斗、开拓进取的重要精神源泉,引领着经济社会各项事业蓬勃发展、欣欣向荣。首府呼和浩特将一如既往大力弘扬"蒙古马精神",全力推广马文化艺术,引领人民群众增进思想共识,共同守好精神家园。在"建设亮丽内蒙古,共圆伟大中国梦"的进程中,印刻下蒙古马坚实的精神追求和文化烙印。

今天,我们所处的时代环境发生了重大变化。我们现在拥有的生产和生活条件,与过去相比都有了大幅度改善。在这种情况下,能否继续发扬艰苦奋斗、无私奉献的光荣传统,是对我们当代人尤其是党员干部的严峻考验。近年来,有的干部受资产阶级腐朽思想和生活方式的影响,淡忘了全心全意为人民服务的宗旨,淡忘了艰苦奋斗精神,追求享乐,贪图安逸,不思进取,甚至以权谋私,违法乱纪,严重败坏了党风和社会风气。这种状况如果任其发展下去,不但我们的党会变质,中国特色社会主义的伟大事业也会半途而废。针对这种情况,党中央开始在全党范围内开展党的群众路线教育实践活动,目的在于引导和教育广大党员干部深刻认识"四风"之害,正确认识建设中国特色社会主义的长期性和艰巨性,继续发扬艰苦奋斗精神,保持优良的工作作风,积极推进各项事业的全面发展。党的十八大以来,习近平总书记多次强调,党员干部特别是各级领导干部要严以修身、严以用权、严于律己,谋事要实、创业要实、做人要实,为加强党员干部党性修养、深入推进新形势下党的建设提供了重要遵循。以党的政治建设为统领,坚定执行党的政治路线,严守政治规矩和政治纪律,在政治立场、政治方向、政治原则、政治道路上同党中央保持高度一致。把思想建设作为党的基础性建设,深入扎实开展了党的群众路线教育实践活动、"三严三实"专题教育,推进

"两学一做"专题教育常态化制度化。持续抓好领导班子、干部队伍建设，认真贯彻执行党政领导干部选拔任用工作条例，着力加强干部队伍特别是少数民族干部队伍建设，目前全区少数民族干部约占干部总数的32%，高于少数民族人口所占比例。坚持党管人才原则，深化人才发展体制机制改革，使内蒙古逐步从人才流出区转变为人才流入区，为推动内蒙古各项事业发展提供了有力支撑。驰而不息抓作风建设，以贯彻落实中央八项规定和自治区配套规定为切入点，严格规范和加强党内政治生活，大力弘扬理论联系实际、密切联系群众、批评和自我批评的优良传统，发扬吃苦耐劳、一往无前的"蒙古马精神"，积极倡导雷厉风行、立决立行的作风，探索建立容错纠错机制，旗帜鲜明地为敢于担当的同志担当，为敢于负责的同志负责，在全区上下营造撸起袖子加油干、万众一心抓落实的局面。我区党建方面，大力弘扬"蒙古马精神"，不仅能够有力纠正当下一部分人"思想缺钙、精神萎靡、作风蜕变"的问题，更有助于增强广大干部群众爱岗敬业、尽责思为的责任意识，增强脚踏实地、甘于奉献的公仆意识，增强励精图治、勇于担当的奋进意识，激励各族干部群众投身到自治区改革发展的伟大实践中，为把祖国北疆这道风景线打造得更加亮丽贡献自己的力量。

"蒙古马精神"深深植根于优秀民族文化的沃土，又在与时俱进中融入了新的时代内涵，具有重要的时代价值。"蒙古马精神"的时代价值，在于激励我们做建设有中国特色社会主义共同理想的坚定信仰者和忠实实践者。内蒙古改革开放四十年的成果证明，内蒙古自治区发生的翻天覆地、日新月异的变化，就是贯彻、落实党中央决策和部署，坚持中国共产党的领导，内蒙古人精神力量转化为物质力量的改革开放新成果，是坚定不移走建设有中国特色社会主义道路的历史必然。建设有中国特色社会主义道路，是当代中国的唯一选择，为中国特色社会主义而努力奋斗，是中国共产党人的历史使命，也是中国人民的必然追求。我们要继续大力推进改革开放和现代化建设，就要让"蒙古马精神"不断发扬光大。邓小平同志告诫我们，世界上的事情都是干出来的,不干,就半点马克思主义都没有。当前我区正处在全面建成小康社会的决定性阶段,加快转变经济发展方式,应对发展中的矛盾和挑战,解决前进道路上的困难和问题,顺应各族人民对美好生活的向往和期待,必须在新的历史起点上全面推进改革发展。越是加快推进改革发展,越需要强大的精神动力。要把"蒙古马精神"引入经济社会发展的各个领域,以"蒙古马精神"推进各个领域的工作,不断提升求真务实的工作作风,推动各项工作不断跃上新台阶;要把弘扬"蒙古马精神"贯穿于改革发展的各个环节,从细微处着手,在具体工作中体现,充分调动推动改革发展的强大精神力量,努力谱写内蒙古改革开放和现代化建设新篇章。在悠久的历史长河中,"蒙古马精神"已经成为民族精神的体现和象征,它与民族的发展紧密相连、融为一体,世世代代鼓舞着各族人民自强不息、团结奋斗,在改革发展的新征程中,我们更要继承和发扬"蒙古马精神",坚定信念、守望相助,开拓创新、勇往直前,把内蒙古自治区建设成为祖国北疆亮丽的风景线,为实现中华民族伟大复兴的宏伟目标而努力奋斗。

第三节　建设亮丽内蒙古必须弘扬"蒙古马精神"

2014 年习近平总书记赴内蒙古自治区考察,作为全面深化改革的开局之年,也是内蒙古自治区全面建成小康社会的关键时期,习近平总书记的到来充分体现了党和国家对内蒙古自治区各项事业的高度重视,党和国家对内蒙古各族人民的期盼和关心。考察期间,习近平总书记就内蒙古自治区全局发展和长远发展做了重要指示,以"守望相助"和"打造祖国北方亮丽风景线"为主题,阐述了内蒙古自治区在全国的发展全局中的重要定位,鼓励

内蒙古自治区各族人民群众干事创业要像蒙古马一样,发扬吃苦耐劳、一往无前的精神。

习近平总书记还对内蒙古自治区未来的目标任务、发展路径、重点任务等作了全方位的部署,提出了具有很强的指导性和针对性的"四个着力"的重点任务,这对我们实现内蒙古自治区的全面建成小康社会的奋斗目标,不断夺取改革开放和现代化建设的新的伟大的胜利,具有极其重要的意义。2017 年,内蒙古自治区成立七十周年,习近平总书记专门为内蒙古,自治区题写"建设亮丽内蒙古 共圆伟大中国梦"的匾额,中共中央政治局委员、国务院副总理、中央代表团副团长刘延东在中央致辞中指出,习近平总书记始终对民族工作十分关心、对民族地区十分关切、对内蒙古各族人民十分关怀,为庆祝自治区成立 70 周年欣然题词。习近平总书记的题词深刻昭示了内蒙古前景广阔、使命光荣,时刻激励着内蒙古和全国各族人民众志成城、矢志奋斗,承载着党中央对内蒙古继往开来、再谱新篇的殷切期望。

一、"蒙古马精神"是全区各族人民"守望相助"的精神纽带

人类是要有家园的,一个民族除了必须有栖息生存的自然家园,也必须拥有他的精神家园。精神家园是一个民族在文化认同基础上形成的文化寄托和精神归属。失落精神家园的民族,民族之魂就会像失去自然家园一样飘无定所、无所寄托,就谈不上形成内在的凝聚力和感召力。习近平总书记考察内蒙古时,从历史和时代的高度,提出了"守望相助"和"守好内蒙古少数民族美好的精神家园"的重要嘱托。而"蒙古马精神"以深厚的积淀、丰富的内涵,体现了各族人民共同铸造的传统美德,体现了各族人民艰苦奋斗、开拓进取的时代精神,内蒙古各族人民具有很强的凝聚作用,是全区各族人民"守望相助"精神纽带。因此,弘扬"蒙古马精神",对于传承和发展优秀民族文化,建设各族人民的美好精神家园,巩固各族人民团结奋斗的共同思想

基础,凝聚和激励各族干部群众同心同德、艰苦创业,共同守卫祖国边疆、共同创造美好生活都具有重要的时代意义。

"守望相助"一语出自《孟子·滕文公上》:"死徙无出乡,乡田同井,出入相友,守望相助,疾病相扶持,则百姓亲睦。"大意是为了对付来犯的盗贼或意外的灾祸,相近各村落和邻里之间互相援助。习近平总书记在考察内蒙古期间,对"守望相助"进行了重新诠释,赋予其新的思想内涵,具有很强的战略性、政治性和指导性。"守望相助",是习近平总书记对内蒙古的殷切期望。守,就是守好家门,守好祖国边疆,守好内蒙古少数民族美好的精神家园;望,就是登高望远,规划事业、谋求发展要跳出当地、跳出自然条件限制、跳出内蒙古,有宽广的世界眼光,有大局意识;相助,就是各族干部群众要牢固树立平等团结互助和谐的思想,各族人民拧成一股绳,共同守卫祖国边疆,共同创造美好生活。守望相助着重强调了要守好内蒙古少数民族美好的精神家园,就是要求内蒙古要守好各族人民共同创造的优秀民族文化,坚守社会主义核心价值观,打牢内蒙古各族人民团结奋斗的共同思想基础,推进中国特色社会主义文化繁荣兴盛。

改革开放 40 多年来,尤其是近年来,内蒙古自治区经济社会取得了快速发展,经济实力显著增强,人民生活水平有了很大提升,经济社会发展进入新阶段。但应该看到,内蒙古自治区属于欠发达地区的区情没有改变,相较起东部沿海发达地区,自治区在经济、文化、社会等领域发展还尚有较大提升空间,在进一步推进改革开放的过程中还存在诸多问题。因此,在新形势、新阶段,内蒙古自治区提出以习近平新时代中国特色社会主义思想为指引,坚持稳中求进的工作总基调,坚持新发展理念,统筹推进"五位一体"总体布局,协调推进"四个全面"战略布局,以供给侧结构性改革为主线,坚持以人民为中心的发展思路,助力内蒙古自治区实现全面建成小康社会的目标,给全区各族人民带来更多获得感、幸福感、安全感。立足内蒙古自治区的基本区情和未来的奋斗目标,决定了在新时期的实践中必将遇到各种困难和风险,决定着必须动员和凝聚全区各族人民的力量继续进行艰苦创业,决定了必须以不畏艰险、坚韧不拔、知难而上的"蒙古马精神"为精神动力,一往无前。如果没有这样的精神,全区各族人民守望相助、建设亮丽内蒙古的美好蓝图便决不会如期实现。正因为如此,只有大力弘扬吃苦耐劳、一往无前的"蒙古马精神",才能够最大限度地、最有力地凝聚各族干部群众的智慧和力量,激励和鞭策各族干部群众振奋精神、奋发图强,为民族地区经济社会发展水平不断跃上新台阶,为人民的生活水平不断获得新提升,充分调动全区各族人民的发展积极性,最终推动各民族共同进步,从而始终保持边疆地区的发展和稳定。

总之,"蒙古马精神"决定着内蒙古自治区各族人民共有精神家园的发展方向,我们必须在各民族中大力培育和践行"蒙古马精神",注重从各民族文化中汲取营养,创新载体和方式,增进各族群众对吃苦耐劳、一往无前的"蒙古马精神"的认同,在"蒙古马精神"的激励鼓舞下,全区各族人民深入践行守望相助理念,同呼吸,共命运,心连心,构筑共有的精神家园,织就牢固的精神纽带。

二、"蒙古马精神"是激发自治区"向北开放"创新实践的精神动力

十八大以来,在以习近平同志为核心的党中央坚强领导下,内蒙古各族干部群众心连心、手拉手,弘扬"蒙古马精神",守望相助,快马加鞭绘制出一幅幅蒙古草原发展新蓝图。国家对沿边开放政策的实施始于1992年沿边口岸的开放,2012年,国家对沿边开放大格局首次进行了发展定位,内蒙古被国家定位为"向北开放的桥头堡",2014年,内蒙古自治区政府成立了"向北开放领导小组",专门负责内蒙古向北开放工作领导和政策协调事宜,突显了向北开放战略对内蒙古的重要性。立足内蒙古独特经济社会条件和历史

发展脉络,经过深入调研,习近平总书记提出内蒙古长远发展的清晰战略指引:内蒙古各族干部群众守望相助,把内蒙古建成"我国北方重要的生态安全屏障和祖国北疆安全稳定的屏障",把内蒙古建成"我国向北开放的重要桥头堡"。

(一)内蒙古是我国向北开放的重要桥头堡

开放,是支撑一个地区经济发展的活水源流;开放,是推动一个地区拥抱现代的春潮东风。曾经是"历史后院"的内蒙古,在我国改革开放大潮中迸发活力,成为向北开放的重要桥头堡,成为连通中外的贸易集散地。对外开放,给内蒙古自治区带来了发展的机遇,带来了思想的解放,带来了经济的腾飞,带来了社会的繁荣。各民族以宽广的视野、开放的胸襟交往交流交融,人民更自信,前景更广阔,"一带一路"倡议把中国机遇转化为世界机遇,促进中国与世界共同发展。毗邻俄罗斯、蒙古国的内蒙古以此为契机,努力搭建开放平台,彰显沿边开放的魅力。118万平方公里广袤土地,4261公里绵延边境线,18个对外开放口岸犹如一颗颗珍珠散落其间,内蒙古作为我国向北开放的前沿,在祖国北疆改革开放的大潮中绽放出熠熠光辉。内蒙古占全国陆地边境线的19.4%,分别占中蒙、中俄边境线的66.4%和23.6%,与黑龙江、吉林、辽宁、河北、山西、陕西、甘肃、宁夏八省区毗邻,是我国向北开放的前沿。地处中国北疆的内蒙古自治区,与蒙古和俄罗斯接壤,在推进向北开放工作方面,蒙、俄成为内蒙古天然的"合作伙伴",全区对蒙边境口岸10个,对俄边境口岸4个,其中铁路口岸2个,公路口岸12个,国际航空口岸4个,国际内陆港8个,承担着中俄65%的陆路运输和中蒙95%货物运输任务。借助特殊的地理位置优势,内蒙古不断加快口岸发展,深度融入"一带一路"建设,打造中国向北开放最活跃的窗口。

2013年,自治区党委审时度势,提出要把内蒙古"建成我国向北开放的重要桥头堡和充满活力的沿边开发开放经济带"的发展定位。习近平总书记高度重视内蒙古的对外开放,2014 年 1 月 26 日至 28 日,习近平总书记在深入内蒙古考察指导工作期间,着重指出:内蒙古地处"三北"、外接俄罗斯、蒙古,具有发展沿边开放的独特优势,是我国向北开放的前沿,规划事业及谋划发展要跳出当地、要有宽广的世界眼光和大局意识。针对如此举足轻重的地位,习近平总书记格外强调:"要通过扩大开放促进改革发展,发展口岸经济,加强基础设施建设,完善同俄罗斯、蒙古合作机制,深化各领域合作,把内蒙古建成我国向北开放的重要桥头堡",提升沿边开发开放水平,加快推进区域合作,将成为内蒙古在经济发展新常态下呈现的又一个新亮点。

(二)"蒙古马精神"助推"向北开放"

为了把总书记考察内蒙古重要讲话精神以及内蒙古建设"一堡一带"战略任务落到实处,在以习近平同志为核心的党中央坚强领导下,内蒙古各族人民守望相助,大力弘扬"蒙古马精神",为把内蒙古建成我国向北开放的重要桥头堡贡献力量,打造了经济繁荣、民族团结、边疆安宁、生态文明、各族人民幸福生活的祖国北部边疆风景线。"蒙古马精神"以其吃苦耐劳、一往无前的丰富内涵和以坚韧不拔、勇往直前、忠于职守、甘于奉献的突出特征,成为激发自治区"向北开放"创新实践的精神动力。发扬"蒙古马精神",内蒙古各族人民在四千多公里的边境线上聚力向北开放,不断扩大和提升"蒙古马精神"的影响力和感召力,用"蒙古马精神"提振干群士气,引导和激励内蒙古自治区各族干部群众奋发有为、干事创业。

在党和国家的深切关怀中,在自治区党委和政府的正确领导下,开发开放沿边明珠日渐璀璨。1978 年内蒙古口岸进出境货运量 70.33 万吨,到 2018 年内蒙古口岸进出境货运量预计达到 9230 万吨,出入境客运量达到 620 万人次。从潺潺幼芽成长到参天大树,改革开放 40 年来,内蒙古口岸经历了从无到有、从小到大的华丽蜕变。楼高万丈坚于其基,树繁千载生于其根,基础设施的稳步推进为口岸的发展打下了坚实的基础。据统计,"十二五"期间,国家、自治区累计投入口岸建设资金34.2亿元。经过改革开放40年来的不懈努力,全区口岸通关设施和查验配套设施的日臻完善,特别是现代化通关手段的运用,使得口岸通过能力逐步提高。今天,内蒙古口岸总货运通过能力达到13900万吨,客运通过能力达到2175万人次。满洲里、二连浩特铁路口岸货运量在全国铁路口岸中占据第一、第二的位置,甘其毛都、策克公路口岸在全国公路口岸中分列第二、第四名。2014年内蒙古自治区以深化同俄蒙合作为重点扩大对外开放,在积极巩固原有合作的基础上,与各领域改革相结合,努力破除体制、机制障碍,全力推动与俄蒙的务实合作。栽得梧桐树,引来金凤凰,近年来,内蒙古口岸紧紧抓住"一带一路"建设的重大机遇,上下求索大胆创新,内蒙古口岸各类功能园区建设发展迅速。满洲里、二连浩特获批国家重点开发开放试验区,互市贸易区、综合保税区、跨境经济合作区、边境旅游试验区……在内蒙古四千多公里边境线上,一个个高质量开放型合作平台的呈现,让中国同俄罗斯、蒙古国的合作领域不断拓展,经贸往来日益频繁。

此外,内蒙古是全国陆路口岸中最早开展电子口岸建设的口岸省区,内蒙古各口岸通关现代化、信息化水平不断提升,电子政务、大通关服务、智慧物流服务、跨境贸易电子商务等电子平台的建设让内蒙古口岸插上"智慧"的翅膀。依托电子口岸软硬件平台和大数据建设,为内蒙古进出口企业和外贸加工企业提供了优质、高效、便捷的服务。随着信息和物流的便利化程度不断提高,区域合作发展成为大势所趋,口岸联动、通关一体化让边境口岸向经济的前沿迈进。再有,中欧班列的兴起架起了联通欧洲与内地省区的桥梁,在内蒙古口岸立体交通网中,中欧班列这列奔驰在丝绸之路的"钢铁驼队",成为连接中亚、辐射欧洲腹地的黄金物流大通道。给力的政策措施为口岸发展保驾护航,人无我有、人有我优,在当今国际竞争日益激烈的环境中,软实力已经成为衡量一个地区发展水平的重要标准,在打造硬实力的同时,内蒙古口岸不断释放政策红利,深化放管服改革,在口岸营商环境上下功夫,让口岸成为产业发展的吸金石。内蒙古自治区积极贯彻落实国家支持口岸发展的系列政策措施,结合口岸实际情况,先后出台了《内蒙古自治区人民政府关于促进口岸经济发展的指导意见》《内蒙古自治区人民政府关于支持沿边重点地区开发开放的实施意见》《内蒙古自治区推动向北开放桥头堡建设行动方案》等意见措施,有针对性地对各类优惠政策细化、实化。今天内蒙古口岸仍在大步向前迈进,口岸功能不断拓展,贸易结构持续优化,内蒙古口岸正在从以货物进出为主的通道经济向货物进出和产业协调发展的口岸经济转变,从大进大出向优进优出转变,从规模速度型向质量效益型转变。

近年来,内蒙古自治区同俄蒙经贸合作进一步深化,通关便利化水平进一步提高,文化交流日益频繁,同时自治区被纳入国家"丝绸之路经济带"建设范畴,向北开放桥头堡建设迈出了重要步伐。构建"丝绸之路经济带"新支点,2013年9月5日,习近平主席在哈萨克斯坦访问时提出了建设"丝绸之路经济带"。2014年8月21日至22日,习近平主席对蒙古国进行了国事访问,中方提出的建设"丝绸之路经济带"倡议同蒙方的"草原之路"倡议相契合,为两国合作开辟了光明前景,更为内蒙古加快推进向北开放工作提供了广阔舞台。内蒙古作为我国向北开放的重要桥头堡,在"一带一路"四条线路之一的中俄蒙经济带中的地位举足轻重、不可替代。内蒙古自治区作为我国向北开放的重要桥头堡和《西部大开发"十二五"规划》中确定的四个沿边开放高地之一,落实和扩大习近平总书记对蒙古国进行国事访问的重要成果,既是党中央、国务院对内蒙古自治区"坚持正确的义利观,守望相助,经略周边,打造祖国北疆亮丽风景线"的殷切期待,也是提升开放型经济水平,打造区域、次区域开放高地的客观要求,更是推动自治区形成全面开放新格局的重大机遇。把内蒙古自治区建成我国向北开放的重要桥头堡和充满活力的沿边开发开放经济带的有利契机。面对增速换挡、动能转换的经济新常态,内蒙古自治区跳出当地谋划事业,制定促进大数据发展应用的若干政策,出台落实"互联网+"、中国制造行动等支持政策,优化开放发展的软环境,以更宽胸襟广纳天下英才。

纵横千里的沃土,四通八达的交通,如今内蒙古自治区正在联动周边,打造开放新优势,拓宽发展新空间。扩大合作"朋友圈",以更大视野广交朋友,实现经济层面的互利共赢,更加注重文化、社会层面的相遇相知。多年来,内蒙古自治区努力推动教育、医疗、科技等领域的对外交流合作,增进了解、深化友谊。蒙医药交流合作也成为传递友好的纽带。内蒙古自治区已与160多个国家和地区建立经贸关系,同11个"一带一路"沿线国家建立41对友好地区关系,草原儿女正跳出当地、跳出自然条件限制、跳出内蒙古,登高望远,放眼世界,积极融入国家乃至全球发展的开放大格局。作为国家西部重要开发开放地区和"一带一路"重要经略区,加快向北和东北亚开放,不仅有利于我国形成全面开放新格局,也有利于我区整体发展。在开放过程中,我们可以依托"中蒙俄经济走廊"建设,探索建设一到两个自由贸易港,作为开放的载体,既可以推动我区形成开放新格局,助推经济更加持续健康发展,也为国家"一带一路"建设做出自己应有的贡献。

在新的形势下,内蒙古口岸主动服务"一带一路"倡议,以"创新、协调、绿色、开放、共享"发展理念为引领,建设中蒙俄经济走廊,打造向北开放窗口,努力让内蒙古这道北疆亮丽的风景线绽放出更加耀眼的光芒。新时代开启内蒙古向北开放的新征程,弘扬"蒙古马精神"有助于调动全区干部群众干事创业的积极性和主动性,有助于激发各族干部群众的创造活力,使之更加自觉、更加坚定地投身到自治区向北开放的创新实践中,守望相助,为把祖国北疆这道风景线打造得更加亮丽贡献自己的力量。向北开放久久为功,在今后一段时期,内蒙古各族人民将以"蒙古马精神"为精神动力,以一马当先的勇气,快马加鞭的状态,积极推进内蒙古向北开放的创新实践,在改革中求突破,在开放中求发展。面对在改革和开放中出现的严峻形势和繁重任务,坚持不怕困难、埋头苦干、吃苦耐劳、一往无前的"蒙古马精神",

以求真务实的拼搏精神和踏实肯地的工作作风,认真抓好向北开放创新实践当中的每一个环节,在祖国北疆绘就出一幅壮丽的画卷。

三、"蒙古马精神"是推进"两个屏障"建设的精神定力

内蒙古自治区横跨"三北",外接俄蒙,内连八省区,有居全国第二位的4200多公里的边境线,居全国第一位的36万多平方公里的边境管理区,是祖国的"北大门"、首都的"护城河",是国家向北开放的重要桥头堡,战略地位重要,区位特征突出,维护国家安全、边境口岸和谐稳定使命艰巨。同时,内蒙古也是我国北方面积最大、种类最全的生态功能区,具有森林、草原、湿地、湖泊、沙漠、戈壁等多种自然景观,保留着大面积的原始生态区域,资源优势、区位优势突出,战略地位重要,发展前景广阔,是我国北方重要生态安全屏障和祖国北疆安全稳定屏障。因而,内蒙古自治区在国家安全和社会稳定的大局中具有非常重要的战略地位。

在习近平总书记的心中,这片热土既要保持美丽的生态,也要建成幸福的家园。"内蒙古的生态状况如何,不仅关系内蒙古各族群众生存和发展,也关系华北、东北、西北乃至全国生态安全,要努力把内蒙古建成我国北方重要的生态安全屏障",这些论述都深刻地阐述了内蒙古在全国发展大局中的战略地位。建设我国北方重要生态安全屏障和祖国北疆安全稳定屏障,是习近平总书记对我们的谆谆嘱托、殷切期望,是党中央对内蒙古的发展定位,是内蒙古对国家政治安全、边疆安宁、生态安全所负的重大责任。近年来,内蒙古自治区党委、政府和各级各有关部门高度重视,采取切实有力的措施,坚定不移地贯彻落实习近平总书记考察内蒙古重要讲话精神,推动"两个屏障"建设取得了明显成效。

以习近平同志为核心的党中央始终不变的关怀和清晰有力的指引,如同和风细雨润泽辽阔的祖国北疆,激励着内蒙古各族儿女携手并肩,创造出

各项事业发展快马加鞭、各个领域成果万马奔腾的喜人态势。内蒙古自治区在习近平新时代中国特色社会主义思想指引下,筑牢生态屏障和安全屏障,推动高质量发展,努力打造祖国北疆亮丽风景线。内蒙古自治区第十次党代会提出建设"两个屏障",持续抓好祖国北疆安全稳定屏障和我国北方重要生态安全屏障建设,提出坚守三条底线,即发展底线、生态底线、民生底线。伟大精神支持并指引行动,千百年来,蒙古马驰骋于风霜雨雪,不仅成为马背民族的交通工具和心爱伙伴,也积淀下民族文化的精神特征,习近平总书记形象地用蒙古马比喻勉励内蒙古各族干部群众继续艰苦奋斗。

回顾中华民族的历史,正是无数拥有高尚人格并且在各个领域有担当的人士,铸就了中华民族崛起的脊梁。从大禹治水"三过家门而不入",到范仲淹"先天下之忧而忧,后天下之乐而乐",从林则徐"苟利家国生死以,岂因祸福趋避之",到"两弹一星"之父钱学森以毕生精力奉献祖国航天事业,无不体现出与"蒙古马精神"中吃苦耐劳、一往无前、勇于担当、忠于职守、甘于奉献的优秀品质高度一致的精神与价值。习近平总书记曾谈到"我们比历史上任何时期都更接近中华民族伟大复兴的目标",但我们必须明白即将胜利之时,也是最艰苦之时、最需奋斗之时。站在新的历史起点上,我们的事业崇高而神圣,我们的责任重大而光荣,我们必须拥有"乱云飞渡仍从容"的精神定力。没有精神定力支撑的民族,往往经受不起逆境、吃不得苦,会被外界干扰或被浮名利益所诱惑,容易半途而废,止于小成。而"蒙古马精神"中吃苦耐劳、一往无前、勇于担当、忠于职守、甘于奉献等优秀品质,能够为在自然环境艰苦恶劣的边疆地区守护安全稳定和生态安全的内蒙古各族人民,提供强大的精神定力,更加坚定内蒙古各族人民建设"两个屏障"、守护好北疆亮丽风景线的信心与信念。

(一) 建设祖国北方重要生态安全屏障

内蒙古自治区牢记习近平总书记谆谆嘱托,切实筑牢我国北方重要生态安全屏障和祖国北疆安全稳定屏障,"两个屏障"建设取得了明显成效。像保护眼睛一样保护生态环境,生态文明之路越走越宽。"要像保护眼睛一样保护生态环境,像对待生命一样对待生态环境。""环境就是民生,青山就是美丽,蓝天也是幸福。""我们要建设的现代化是人与自然和谐共生的现代化,必须坚持节约优先、保护优先、自然恢复为主的方针,形成节约资源和保护环境的空间格局、产业结构、生产方式、生活方式,还自然以宁静、和谐、美丽"。尊重自然、顺应自然、保护自然。这对于内蒙古而言,战略意义非同一般。2014 年初,习近平总书记考察内蒙古时指出:"内蒙古的生态状况如何,不仅关系内蒙古各族群众生存和发展,也关系华北、东北、西北乃至全国生态安全。保护好内蒙古大草原的生态环境,是各族干部群众的重大责任。"绿水青山就是金山银山。牢记习近平总书记的殷切嘱托,内蒙古自治区瞄准"祖国北方重要生态安全屏障"的目标,以生态文明理念为指引,生态建设和环境保护双轮驱动,守望着绿水青山,守望着林海草原。

回顾内蒙古七十多年生态文明的建设历程,大体可分为三个阶段:第一阶段是内蒙古自治政府成立到十一届三中全会期间,内蒙古生态文明建设的重点是保护草原森林矿山等自然资源,增殖资源草原森林资源;第二阶段是从十一届三中全会到党的十八大召开前夕,这一阶段内蒙古的生态文明建设有了长足的发展,随着环境资源问题逐渐凸显,内蒙古进行了一系列生态建设,生态文明制度和体制机制建设取得了一定成果;第三阶段是党的十八大召开后内蒙古的生态文明建设阶段,内蒙古生态文明建设进入快速期。在内蒙古生态文明七十多年的建设过程中,自治区党委政府始终立足内蒙古实际,坚持党的正确领导,科学规划设计和战略布局,推动自治区生态文明建设健康发展。在内蒙古生态文明建设与环境保护进入了"进则全胜、不进则退"的关键时期,内蒙古自治区制定了一系列生态领域的制度和措施,将内蒙古生态保护纳入制度化、规范化、科学化轨道;完成《内蒙古探索编制自然资源资产负债表总体方案》和核算试点方案,出台《自治区领导干部自然资源资产离任审计试点实施方案》《自治区党政领导干部生态环境损害责任追究实施细则》《自治区主体功能区规划》和《关于加快推进生态文明建设的实施意见》等系列规划,高标准谋划布局,对内蒙古生态文明建设起到了引领作用。各类生态工程的实施,在内蒙古生态环境修复、资源增殖等生态文明建设中,起到了重要的、不可替代的作用。

内蒙古自治区以草原、森林为主体,重点建设大兴安岭、阴山和贺兰山生态防护屏障,建设沙地防治区、沙漠防治区、草原保护与治理区、黄土高原丘陵沟壑水土保持区,加强湿地等禁止开发区域保护和地质环境治理,努力推动形成"三屏四区"的生态安全屏障。40多年前,为了改变"三北"地区的自然经济面貌,为了中华民族的永续发展,党中央、国务院做出一个彪炳史册的重大决策——建设"三北"防护林体系工程。当代人类最为雄伟的生态史诗,由此拉开帷幕,这项工程从1978年开始到2050年结束,历时73年,建设范围东起黑龙江,西至新疆,全长8000公里,地跨东北、华北、西北,占国土总面积的42.4%,建设范围包括"三北"地区13个省,551个县,涉及内蒙古自治区86个旗县,其建设范围之广、规模之大、时间之长均创下了世界生态工程之最。1988年,"三北"工程十周年,中国改革开放和现代化建设的总设计师邓小平同志为"三北"工程亲笔题词"绿色长城"。40年来,历经几代人、亿万人民群众的接力奋斗,"三北"工程取得了令人瞩目的建设成就,在我国北疆筑起了一道抵御风沙、保持水土、护农促牧的绿色长城,为生态文明树立了成功典范。根据中国科学院完成的《三北防护林体系建设40年综合评价报告》显示,"三北"工程40年来累计完成造林保存面积3014万公顷(45210万亩)。其中,内蒙古自治区共完成"三北"防护林建设任务11348万亩,占国家建设25.1%,在"三北"13个省区中居首位。

内蒙古七十多年的生态文明建设,取得了一定成果。一是执政理念发生深刻变化,生态文明制度建设逐步完善;二是自然环境保护成果斐然,在内蒙古自治区政府和广大民众的共同努力下,环境保护取得了"生态总体恶化趋势趋缓,重点治理区生态明显改善"的良好效果;三是生态科技的普遍利用,促进生态经济发展;四是环保思想逐步深入人心。2014 年,自治区在深入推进京津风沙源治理、重点地区防沙治沙专项治理工程等国家重点生态工程的同时,有序开展了六大重点区域造林绿化工作。历经多年努力,自治区实现了由风沙源头到祖国北方生态安全屏障的蝶变。保护生态环境,不仅要有立竿见影的措施,更要有可持续的制度安排,自治区生态文明制度建设,正朝着制度化、法治化的目标迈进。绿水青山就是金山银山,美丽与发展必须携手同行,如何正确处理经济发展同生态保护的关系,是自治区建设生态安全屏障的关键所在。自治区党委和政府提出大力推进环境保护和生态建设工作,坚决不要带污染的 GDP,努力实现美丽与发展双赢。自治区党委要求,各地要切实增强生态环保意识,严格督促检查,认真落实生态环境损害终身追究责任制和自然资源离任责任审计制,确保国家和自治区关于生态环保的法规政策和制度措施全面落实到位。

良好的生态环境是最普惠的民生福祉,理念决定行为,行为决定成败,生态文明理念是否深入人心,决定了一个地方生态文明程度,不断提高自治区各族人民的生态文明意识和素养,使崇尚自然、保护环境、节约资源成为社会风尚和道德规范,让先进的生态文明理念、生态文明行为方式和生态文明道德规范深入人心。内蒙古自治区陆续出台 37 项生态文明体制改革成果,60%的国土面积已划入生态红线保护范围;湿地面积恢复近 300 平方公里,重要江河湖泊水功能区水质达标率72.6%;截至 2018 年 11 月底,共完成营造林 1295 万亩,其中新造林 734 万亩,种草 3515.3 万亩。内蒙古已经建立了 182 个自然保护区、43 个国家森林公园、49 个国家湿地公园,还有 3 个世界地质公园、8 个国家地质公园。2018 年,全区空气质量平均达标天数比例为 83.6%,细颗粒物(PM2.5)浓度下降 3.1%。森林覆盖率达到 22.1%,高于全国 0.44 个百分点。数字的背后,是着眼大局的思考、斩钉截铁的决心和精准发力的举措。

2019年,习近平总书记在参加他所在的十三届全国人大二次会议内蒙古代表团审议时指出,"内蒙古生态状况如何,不仅关系全区各族群众生存和发展,而且关系华北、东北、西北乃至全国生态安全。把内蒙古建成我国北方重要生态安全屏障,是立足全国发展大局确立的战略定位,也是内蒙古必须自觉担负起的重大责任。构筑我国北方重要生态安全屏障,把祖国北疆这道风景线建设得更加亮丽,必须以更大的决心、付出更为艰巨的努力。要保持加强生态文明建设的战略定力,保护生态环境和发展经济从根本上讲是有机统一、相辅相成的;要保持加强生态环境保护建设的定力,不动摇、不松劲、不开口子,要探索以生态优先、绿色发展为导向的高质量发展新路子。要贯彻新发展理念,统筹好经济发展和生态环境保护建设的关系,努力探索出一条符合战略定位、体现内蒙古特色,以生态优先、绿色发展为导向的高质量发展新路子。加大生态保护力度,内蒙古有森林、草原、湿地、河流、湖泊、沙漠等多种自然形态,是一个长期形成的综合性生态系统,生态保护和修复必须进行综合治理;保护草原、森林是内蒙古生态系统保护的首要任务,必须遵循生态系统内在的机理和规律,坚持自然恢复为主的方针,因地制宜、分类施策,增强针对性、系统性、长效性。要打好污染防治攻坚战。解决好人民群众反映强烈的突出环境问题,既是改善环境民生的迫切需要,也是加强生态文明建设的当务之急"。习近平总书记的讲话为内蒙古的建设发展指明了方向,全区各族人民要坚定信心和决心,立足推进"两个屏障"建设的使命任务,艰苦奋斗,为地方生态文明建设积极贡献力量,筑牢祖国北疆这道重要生态安全屏障。绿色是内蒙古的底色和价值,生态是内蒙古的责任和潜力,内蒙古各族人民以"蒙古马精神"为精神定力,始终保持守望相助、团结奋斗、一往无前的精神状态,苦干实干、担当负责、忠诚奉献,以最有效的举措,用最稳健的行动,深入践行习近平生态文明思想,以构筑万里绿色长城为主线,深化改革创新,转变发展方式,提升治理能力,生态保护与建设取得了新的成绩。

（二）筑牢祖国北疆安全稳定屏障

国必有边,边必设防,内蒙古是祖国北疆安全稳定的重要屏障和环京、环疆'护城河',在国家安全和社会稳定大局中具有非常重要的战略地位。

内蒙古既是边疆地区,又是民族地区,作为边疆地区容易受到外界干扰,而作为民族地区,如果某些矛盾和问题处理不当则容易上升为民族问题,且境内外民族分裂势力、宗教极端势力、暴力恐怖势力"三股敌对势力"频繁炒作我区经济社会敏感热点问题和民生领域突发偶发事件,试图将矛盾纠纷政治化、民族化、事件化。再加之,经过改革开放40多年的发展,内蒙古步入了由生存型社会走向发展型社会的阶段,在社会转型时期,社会矛盾多发易发的局面短期内难以根本改变,维护社会稳定的工作还面临不少新情况新问题。因此,内蒙古的稳定安宁具有极端重要性,打造边疆安宁的风景线,对于筑牢北疆安全稳定屏障,实现自治区和国家的长治久安,具有十分重要的现实意义。

内蒙古自治区党委强调,要牢记习近平总书记关于建设祖国北疆安全稳定屏障的嘱托,清醒认识当前我区维护稳定面临的复杂形势,时刻绷紧维护稳定这根弦。要坚定不移维护社会和谐稳定,全面落实稳定第一责任,确保祖国北方边境安宁。立足于这样的战略定位,立足筑牢我国北方安全稳定屏障,自治区提出深入推进平安内蒙古、法治内蒙古建设。

努力建设更高水平的平安内蒙古,筑牢祖国北疆安全稳定屏障,既是重大政治责任,也是重要奋斗目标。从界河沿岸到莽莽林海,从广袤草原到沙漠戈壁,自治区党政军警民合力治边,汇聚成"横向到边、纵向到底,情报互通、资源共享,联防联治、联控联管"的强大合力,内蒙古自治区把专项治理和系统治理、综合治理、依法治理、源头治理结合起来,加快立体化社会治安防控体系建设,加大重点部位、重点场所、重点人群管控力度,优化完善服务管理平台,深化基层平安创建,夯实维护社会稳定的基层基础。落实重大决策社会稳定风险评估制度,健全社会利益表达、利益协调、利益保护机制,有效预防和化解矛盾纠纷。加强社会治理创新,推动社会治理社会化、法治化、智能化、专业化,提高预测预警及预防各类风险的能力。健全完善公共安全体系,严密防范和依法惩治各类违法犯罪活动,严格落实安全生产责任和管理制度,深入实施质量立区战略,完善食品药品安全监管体制机制,健全突发事件应急处置机制,增强防灾减灾能力,切实维护人民群众生命财产安全。加强维稳处突力量和手段建设,严密防范、严厉打击敌对势力渗透破坏颠覆活动,牢牢掌握对敌斗争主动权。增强忧患意识,坚持底线思维,保持斗争精神,把维护政治安全摆在首要位置,着力防范和化解各类风险隐患,大力推进平安内蒙古建设,深入开展安全隐患大排查大整治行动,统筹推进各领域安全工作。

建设法治内蒙古,全力提升依法治区水平,深入开展法制宣传教育,弘扬社会主义法治精神,增强群众法律意识,树立法治理念,引导群众自觉把法律作为指导和规范自身活动的基本行为准则,以理性合法方式表达利益诉求、解决矛盾纠纷、维护合法权益,营造全社会学法尊法守法用法的良好氛围。全力预防和化解社会矛盾。通过强化矛盾源头治理,进一步完善维护群众利益的决策机制,使群众利益得到充分保障,群众意愿得到充分尊重,最大限度地防止因决策不当而损害群众利益,引发社会矛盾。健全完善社会矛盾调处机制,深入开展社会矛盾纠纷排查化解,及时发现各种苗头性、倾向性、潜在性问题,落实分级化解责任,切实把矛盾纠纷化解在基层和萌芽状态。内蒙古自治区始终坚持把人民放在心中最高位置,团结带领各族人民不懈奋斗,2500多万各族人民团结一心,锐意进取,像珍视生命一样珍视民族团结,用自己的生动实践切实筑牢祖国北疆安全稳定屏障。

内蒙古自治区第十三届人民代表大会第二次会议上的政府工作报告指出:"绿色是我们最大的财富,红色是我们深厚的基因,美丽内蒙古是我们共同的梦想。只要我们一起拼搏,一起奋斗,一起为内蒙古做加法,我们的梦想就一定会实现。"美丽内蒙古是什么样的？美丽内蒙古，必定是天蓝水清地绿、人与自然和谐共生的内蒙古；美丽内蒙古，必定是各民族团结和睦、边疆稳固安宁的内蒙古"。新时代，内蒙古自治区继续推进"两个屏障"建设，不断增强各族群众获得感、幸福感、安全感，必须有"蒙古马精神"作为前进的精神定力，以吃苦耐劳的决心、一往无前的勇气激发全区各族人民勇于担当的精神。担当决定落实，落实关乎成败。习近平总书记指出："责任重于泰山，事业任重道远。我们一定要始终与人民心心相印、与人民同甘共苦、与人民团结奋斗，夙夜在公，勤勉工作，努力向历史、向人民交一份合格的答卷。"这些语重心长的话语，充分体现了新的历史条件下我们党自觉的历史担当意识和强烈的历史担当精神。

对于内蒙古，建设"两个屏障"的蓝图绘就以后，"蒙古马精神"所体现的吃苦耐劳、一往无前、勇于担当、忠于职守、甘于奉献的品质，就是激励内蒙古各族人民落实任务、破解难题、夺取胜利的关键；同时面对复杂严峻的形势任务，面对艰苦恶劣的工作环境，面对实践过程中的挫折困难，"蒙古马精神"也是内蒙古各族人民继续推进"两个屏障"建设的精神定力。在持续抓好祖国北疆安全稳定屏障和我国北方重要生态安全屏障建设的重要实践中，我们要学习蒙古马，一往无前、吃苦耐劳，不达目的绝不罢休；要营造干事创业的政治生态，坚定建设亮丽内蒙古、共圆伟大中国梦的信念，以"蒙古马精神"作为推进"两个屏障"建设的精神定力。站在新的历史起点上，在以习近平同志为核心的党中央坚强领导下，内蒙古各族干部群众心连心、手拉手，弘扬"蒙古马精神"，守望相助筑牢共同团结奋斗、共同繁荣发展的基石，快马加鞭推动经济社会生态安全各项事业迈上新台阶，筑牢祖国北疆安全稳定屏障和北方重要生态安全屏障，把祖国辽阔的北部边疆建设得更加亮丽。

第四章

『蒙古马精神』是夯实
民族团结进步的政治基础

内蒙古自治区始终把维护和促进民族团结作为重大政治责任来坚守，各族人民共同谱写了民族团结和睦、社会和谐稳定、边疆巩固安宁的壮美篇章。着力培育和弘扬"蒙古马精神"，可以夯实民族团结进步的政治基础，巩固和发展民族团结大局；可以加强建设民族团结进步，守护好少数民族美好的精神家园，坚定各族人民团结奋斗的信念；可以铸牢中华民族共同体意识，为新时代内蒙古民族团结奠定基石，为建设亮丽内蒙古，共圆伟大中国梦提供强大的政治保障。

第一节　夯实民族团结进步的政治基础

团结就是力量，团结才有力量，对于有着蒙古、汉、回、满、达斡尔、鄂温克、鄂伦春等55个民族的内蒙古来说，民族团结是发展进步的基石，是人民幸福、边疆安宁的生命线。像珍视生命一样珍视民族团结，边疆稳固之根才能越扎越深。内蒙古自治区成立70多年来，在坚持和完善民族区域自治制度的进程中，各族儿女一直保持着团结奋斗、共同繁荣发展的民族关系。大力弘扬"蒙古马精神"，为全区各族人民团结奋进、砥砺同行起到了积极的推动作用。

一、筑牢共同团结奋斗、共同繁荣发展的基石

党的十八大以来，习近平总书记多次强调，民族团结是各族人民的生命线，是发展进步的基石，各民族同胞要手足相亲、守望相助，共同维护民族团结、国家统一。习近平总书记并在第十三届全国人民代表大会第一次会议上的重要讲话中进一步指出，"在几千年历史长河中中国人民始终团结一心、同舟共济，建立了统一的多民族国家，发展了56个民族多元一体、交织交

融的融洽民族关系,形成了守望相助的中华民族大家庭。""守望相助"的要求是在 2014 年习近平总书记在中华民族的传统佳节春节前夕到内蒙古自治区考察时提出的,这无疑是极具深意和新意的,既体现了党中央对内蒙古民族工作的充分肯定和对民族工作的高度重视,也为做好新形势下的民族工作、开创民族团结进步事业新局面指明了前进方向。

习近平总书记倡导的"蒙古马精神",有一马当先之意蕴,内蒙古自治区是率先实践民族区域自治制度的"模范自治区"。习近平总书记提出的"守望相助"的落脚点是"相助",这是对内蒙古寄予的高度期望,打造内蒙古民族特点,起到引领作用,所谓"一枝独秀不是春,万紫千红春满园"。"助"古文主要意蕴帮助、辅助,在《得道者多助,失道者寡助》提及"寡助之至,亲戚畔之。多助之至,天下顺之。"同时在《季氏将伐颛臾》"危而不持,颠而不扶,则将用彼相矣。"体现"相"的重要性,在习近平总书记考察内蒙古时,提到"相助",要求各族干部群众要牢固树立平等团结互助和谐的思想,各族人民拧成一股绳,共同守卫祖国边疆,共同创造美好生活。"相"字作为名词时,意为宰相、主持礼节仪式的人,在《廉颇蔺相如列传》中的"且庸人尚羞之,况于将相乎?"和《子路、曾皙、冉有、公西华侍坐》:"宗庙之事。如会同,端章甫,愿为小相焉。"有所体现,借予体现内蒙古地位之重要,寄予厚望,"相助"一词体现了由 56 个民族组成的中华民族,丰富多彩,各有特点,各族人民拧成一根绳,奉承了蒙古马中忠于职守、甘于奉献的精神,少数民族帮助汉族,汉族帮助少数民族,少数民族之间也相互帮助,推动各民族共同进步,始终保持边疆地区的团结和繁荣。

"守望相助"一词出自《孟子·滕文公章句上》,"死徙无出乡,乡田同井。出入相友,守望相助,疾病相扶持,则百姓亲睦"。大意是为了对付来犯的敌人或意外的灾祸,邻近各村落互相警戒,互相援助。随着国家经济、政治、文化、社会等各项事业的不断发展,民族关系也在发生变化,同时内蒙古在 70 多年的发展中,社会各项事业发生翻天覆地般变化,习近平总书记提出的"守望相助"正是对中国特色社会主义民族理论的诠释。"守望相助"是对我国民族关系的历史总结,"守望相助"与"蒙古马精神"是内蒙古自治区民族工作、处理好民族问题的根本遵循。从地区特点上看,内蒙古是民族自治地方,截至 2018 年底,全区总人口为 2534.0 万人,由蒙古、汉、满、回、达斡尔、鄂温克、鄂伦春、朝鲜等 55 个民族组成,少数民族人口 505.6 万,占全区人口的 20%。其中 4 个少数民族——鄂温克族、鄂伦春族、俄罗斯族、达斡尔族在我区有聚居区,在呼伦贝尔市建有 3 个自治旗和 1 个民族乡。毫无疑问,民族工作在自治区工作大局中占有举足轻重的地位。从地理特点看,内蒙古地处祖国北疆,横跨东北、华北、西北三大区,与俄罗斯、蒙古接壤,比邻东北亚,边境线长达 4200 公里,有 18 开放口岸,是中国对外开放的北大门。一直以来内蒙古就是三股势力攻击和渗透的重要地区,防范和打击三股势力的任务不容小视。习近平总书记考察内蒙古时指出,"对内蒙古来说,维护社会和谐稳定,必须巩固和发展民族团结大局""各族干部群众都要明白,没有民族团结,整天乱哄哄的,哪一个民族也过不上好日子。"习近平总书记关于民族团结进步的重要论述,突出强调了各民族之间互为条件、互相依存、互相帮助的关系,强调了各民族权利、责任和义务的有机统一,更强调了各民族互相帮助的必要性、重要性和主动性,是对平等团结互助和谐的社会主义民族关系基本内容的发展,对指导我国在新的历史条件下巩固民族团结大局具有重大的战略意义。民族工作的根本任务是促进民族团结、实现各民族共同繁荣发展。只有民族关系和谐、社会稳定有序,才能实现各民族的共同繁荣发展。所以,无论从地理位置还是从内蒙古实际情况来看,自治区各民族的团结互助和发展繁荣事关祖国北疆的安定和谐、事关各民族的共同福祉、事关改革发展的大局,"蒙古马精神"要融入"守望相助"中,指导自治区做好民族工作、处理好民族问题。

内蒙古是中华民族"守望相助"的典型写照。具有悠久历史的蒙古民族为我国统一的多民族国家的形成和巩固、为中华民族文明宝库的汇聚和丰富、为祖国边疆的开发和建设,做出了杰出贡献。近代以来特别是中国共产党成立之后,内蒙古各族人民坚韧不拔、勇往直前,弘扬"蒙古马精神",共同抵御外来侵略,共同反抗压迫剥削,在党的领导下,率先成立了我国第一个民族自治区,开创了民族平等、团结互助的新型民族关系,自从自治区成立以来,内蒙古始终保持了团结稳定的局面,被誉为民族区域自治的良好榜样,实施民族区域自治制度的光辉典范。但是,民族工作不是一劳永逸的事情,和谐、稳定的局面需要不断巩固。新时期下我国民族工作阶段性特征为"五个并存":改革开放和社会主义市场经济带来的机遇和挑战并存;民族地区经济加快发展势头和发展低水平并存;国家对民族地区支持力度持续加大和民族地区基本公共服务能力建设仍然薄弱并存;各民族交往交流交融趋势增强和涉及民族因素的矛盾纠纷上升并存;反对民族分裂、宗教极端、暴力恐怖斗争成效显著和局部地区暴力恐怖活动活跃多发并存。这些相互矛盾又现实存在的特征同样也是内蒙古自治区发展需要直面的问题。因而,唯有"守望相助",才可维护民族团结、共同繁荣的良好局面;直面困难,唯有"蒙古马精神",才可一往无前,破浪前行。

"守望相助"是内蒙古做好新时期民族工作的重要指导。民族工作不仅是民族地区和民族工作部门的大事,而且是全党和全社会的大事。"守望相助"是新一届中央领导集体在新的历史时期确定的民族工作的新方针、新思路、新措施,为全面推进少数民族和民族地区的发展进步、促进民族团结进步事业提供了思想和行动指导。习近平总书记要求内蒙古做到"三个守好""三个跳出""登高望远""守望相助"这四个方面,只有正确把握四者之间的内在逻辑关系,并与"蒙古马精神"共同发力,才能完成习近平总书记提出的殷切期望,做好内蒙古自治区的民族工作。这其中"三个守好"是前提基础,离开了"守",就会失去我们赖以生存的物质家园,也会失去我们生命维系的精神家园,内蒙古的使命担当也难以顺利完成。"三个跳出"是手段方法,只有跳出当地、跳出自然限制、跳出内蒙古,才能进一步解放思想,以更加开阔的胸怀谋划事业,推动内蒙古的发展。"登高望远"是必然要求,只有登高望远才能更好地实现"守"的任务,离开了"望"就会故步自封,就难以获得内蒙古持续深入发展的动力,难以巩固"守"的基础,最后的结果必然是"守不住""守不好"。"相助"是根本保证,只有各族人民团结奋斗,才能"守"有根基、有保障,才能更好地实现"守""望"的成效,才能实现共同守卫祖国边疆、共同创造美好生活这"两个共同"的目标,这也是守望相助的根本目的和努力方向。

"推动民族工作要依靠两种力量,一种是物质力量,一种是精神力量"。"守望相助"的最终目标是促进各民族的共同繁荣发展,反过来,各民族的共同繁荣发展又夯实了"守望相助"的物质基础,"蒙古马精神"则是两者之间必不可少的精神支柱。近些年内蒙古出现的诸如生态移民补偿、少数民族流动人口的权益保障、少数民族传统文化的保护等问题,只有在发展过程中才能得到解决。所以,当前民族工作的根本任务还是经济社会发展。发展的总要求就是弘扬"蒙古马精神",坚持"守望相助"。立足内蒙古区情,以全国乃至世界的眼光,积极创造条件,齐心协力,拧成一股绳,形成加快经济社会发展的强大驱动力。不让任何一个兄弟民族掉队,实现各民族共同繁荣进步。从宏观上来说,坚持国家帮助和民族地方自力更生相结合的方针。内蒙古要抓好国家实施西部大开发、兴边富民、扶持人口较少民族发展的大好时机,把握国家打造"丝绸之路"和建设"中蒙俄经济走廊"的战略机遇期,提高对外开放水平,加强和深化与蒙俄互利合作,立足区情,紧扣区位优势,登高望远,谋划发展。

习近平总书记视察内蒙古时,多次语重心长地指出,没有民族团结,哪一个民族也过不上好日子,民族团结是各民族共同繁荣发展的实现基础。随着国际国内形势的变化,民族地区越来越成为境内外敌对势力渗透破坏的重点,特别是利用宗教进行渗透和破坏,已经成为影响民族地区长治久安的重要因素。我们必须进一步增强政治意识、忧患意识和责任意识,牢固树立"守望相助"、团结奋斗的思想,大力发扬"蒙古马精神",从维护国家安全和促进经济社会发展全局的高度,切实加强和改进民族工作,坚定各族人民理想信念,不断巩固和发展平等、团结、互助、和谐的社会主义民族关系,努力建设民族团结、边疆安宁、各族人民幸福生活的祖国北疆亮丽风景线,筑牢共同团结奋斗、共同繁荣发展的基石。

二、巩固和发展民族团结大局

2018 年 3 月 5 日下午,中共中央总书记、国家主席、中央军委主席习近平来到他所在的十三届全国人大一次会议内蒙古代表团参加审议时,就民族团结工作做了专门强调,"我国是统一的多民族国家,民族团结是各族人民的生命线。加强民族团结,根本在于坚持和完善民族区域自治制度。要高举各民族大团结旗帜,全面贯彻党的民族政策,使民族区域自治制度这一理论根源越扎越深、实践根基越打越牢。

(一)民族团结是各族人民的生命线

对于我们这样一个统一多民族国家,民族团结就像阳光、空气和水,受益而不觉,失之则难存。历次中央民族工作会议都高举民族团结的大旗,强调民族团结的重要性。1992 年中央民族工作会议指出"历史说明:国家统一、民族团结,则政通人和、百业兴旺;国家分裂、民族纷争,则丧权辱国、人民遭殃。"1999 年中央民族工作会议强调:"加强民族团结,维护祖国统一和社会稳定。这是全国各族人民的共同愿望和根本利益所在。"2005 年中央民族工作会议再次强调:"祖国统一是各族人民的最高利益,民族团结是祖国统一的重要保证""团结统一是福,分裂动乱是祸"。这些论述都把民族团结与国家、民族、人民的前途命运和根本利益紧紧联系在一起,深刻阐发了民族团结的重大意义。

民族团结关乎国家长治久安,从而关乎各族人民的生命安全。从人类历史上看,迄今为止发生的流血冲突乃至战争,相当大的部分都是民族问题引发或者与民族问题有直接的密切联系。由民族矛盾、种族冲突、部族纷争带来大规模伤亡的案例很多,其中 1994 年卢旺达种族大屠杀被称为二战后最大的种族屠杀事件,在短短 100 多天里杀死了 100 多万人,而其全国人口才 750 万人。在近代历史中,我们国家遭受了国破家亡的屈辱,毛泽东同志指出,帝国主义之所以敢欺负我们,就是因为我们各民族不团结。中华人民共和国的成立,彻底结束了旧社会一盘散沙的局面,实现了国家的高度统一和各民族的空前团结,这也是我国各族人民共享太平的重要保障。

民族团结关乎国家社会稳定,从而关乎各族人民的安身立命。任何一个国家,如果没有社会的安定团结,什么事情都办不成,经济建设和社会发展更无从谈起。中华人民共和国成立后,把民族平等作为立国的根本原则之一,各民族共同当家做主,反对任何民族压迫和歧视,确立和巩固社会主义新型民族关系,确保了国家大局稳定。虽然我们在前进过程中也遇到不少困难和风险,其中有来自国内的也有来自国外的,但我们都顶住了,其中很重要的一个原因,就是我国 56 个民族始终同心同德、紧密团结。这与冷战结束之后世界上不少国家由于陷入民族纷争,最终导致国家分裂、社会动荡、人民流离失所的现象形成了鲜明的对比。

民族团结关乎国家繁荣发展,从而关乎各族人民的幸福生活。民族团结既是国家软实力的核心要素,也是国家硬实力的核心构件,是衡量一个国家竞争力的核心内容。中华人民共和国成立 70 年来,各族人民高举民族大团结的伟大旗帜,携手开创了社会主义建设和改革开放的伟大事业,带来了国家和人民生活面貌翻天覆地的变化。我国作为一个发展中国家,要加快发展,实现国家繁荣富强、人民幸福安康,使中华民族跻身于世界先进民族之林,离不开各族人民的共同努力和团结奋斗。特别是随着全国统一大市场的形成,各地区、各民族谁也离不开谁的关系更趋密切,各地区、各民族互联互通、互补共济、齐头并进,必将形成促进国家繁荣发展的磅礴力量。在我国,民族大团结既有强大的历史纽带,也有牢固的现实基础。各民族团结友爱,是中华民族的光荣传统,是社会主义民族关系的生动体现,是中华民族繁荣发展的重要保证。

内蒙古自治区坐落在祖国的正北方,是一个以蒙古族为主体,汉族居多数,回族、满族、鄂温克、鄂伦春、达斡尔等55个民族杂居共处的地区,它作为我国最早成立的省级少数民族自治区,始终受到党和国家最高领导人的高度重视。内蒙古自治区成立70多年来,始终重视各民族共有精神家园的建设,在中国共产党的领导下,全区各族人民守望相助、团结奋斗、一往无前,各项事业花红果硕,同时也在建设各民族共有精神家园的实践中积累了大量宝贵经验。20世纪50年代,内蒙古党委结合本地区实际,在民主改革与社会主义改造中制定了"三不两利""稳、宽、长"等政策,促进了社会平稳转型和经济文化的快速发展,也开启了内蒙古自治区建设共有精神家园的新历史。改革开放之初,邓小平同志曾对我们寄予厚望,提出内蒙古"今后发展起来很可能走进前列"。改革开放进入新时期,江泽民、胡锦涛、习近平等党和国家领导人,多次来内蒙古考察指导工作,反复强调了促进内蒙古经济社会文化新家园建设与发展的重要性。内蒙古自治区党委、政府始终牢记总书记的殷切嘱托,切实增强责任感、使命感,施实策,抓实效,从全局和战略的高度,深刻认识巩固和发展民族团结的重要性。通过开展持续推进党的民族政策宣传和民族团结进步创建活动;不断促进各民族交往、交流、交融;妥善处理好影响民族关系的各种矛盾和问题等途径,推进全社会形成民族团结的强大合力。

(二)巩固和发展民族团结大局的重要途径

加强民族团结,基础在于搞好民族团结进步教育,建设各民族共有精神家园。要深入践行守望相助理念,深化民族团结进步教育,铸牢中华民族共同体意识,促进各民族像石榴籽一样紧紧抱在一起,共同守卫祖国边疆、共同创造美好生活。

加强民族团结宣传教育对民族团结进步事业有着重要作用,要凝聚全区各族人民的力量,始终坚持以强烈的责任感和使命感开展团结宣传教育活动,促进内蒙古改革发展和社会和谐,不断巩固民族团结的大好局面。内蒙古始终坚持"各民族共同团结奋斗、共同繁荣发展"这一主题,突出思想内涵,采取多种方式,着力把我国民族团结的历史渊源和现实基础讲清楚,把党的民族理论和民族政策讲透彻,把民族团结进步事业的成就和前景讲充分。

一是深入宣传阐释祖国统一是各民族人民的最高利益,引导社会深刻认识各民族命运紧密相连,不断增强凝聚力、向心力,更加自觉地反对民族分裂,更加自觉地为祖国繁荣富强贡献力量。二是深入宣传阐释党的民族理论是中国特色社会主义理论体系的重要组成部分,引导人们深刻理解和掌握党的民族理论的基本观点,牢固树立马克思主义民族观,不断增强维护民族团结进步的自觉性、坚定性。三是深入宣传阐释党的民族政策和民族区域自治制度的重要意义和基本内容,引导人们深刻认识党的民族政策是民族团结的生命线,必须毫不动摇地贯彻。深刻认识民族区域自治制度完全是符合我国国情的解决民族问题的一项基本政治制度,必须毫不动摇地长期坚持。四是深入宣传各民族发展史就是一部民族团结进步史,团结友爱是各族人民的优良传统,是各族人民自强不息、不断前进的力量源泉,引导人们深刻认识只有各民族和衷共济、和睦共处、亲如一家,才能形成强大凝聚力,才能充分发挥各民族的整体优势和创造活力。五是深入宣传中华人民共和国成立以来特别是改革开放 40 多年来,民族地区和少数民族取得的辉煌成就和发生的巨大变化,党和政府为广大民族地区和少数民族群众的发展进步做出的不懈努力,引导人们深刻认识当前民族地区发展正处于历史上最好的发展时期,是少数民族群众受益最多和得到实惠最多的时期,必须倍加珍惜来之不易的发展成就,不断增强走中国特色社会主义道路的信心和决心,聚精会神搞建设,一心一意谋发展,努力实现自治区发展的历史性跨越。最后将"蒙古马精神"融入这方方面面的教育宣传中,让精神散发光芒,拉近与各族人民心与心的距离。此外,内蒙古始终坚持从实际出发,区分层次、区别对象,努力增强宣传教育活动的针对性、时效性。积极适应社会生活的新变化,适应现在传播手段发展的新趋势,适应群众参与意识日益增长的新形势,搭建各民族群众乐于参与的平台,开辟各民族群众便于接受的传播渠道,努力增加宣传教育活动的吸引力和感染力。并始终坚持面向各个民族,面向全体人民开展宣传教育。重视对青少年的教育工作,使民族团结教育渗透到课堂教学、实践活动、校园文化等各个环节,更好地进教材、进课堂、进学生头脑。

内蒙古历届党委、政府高度重视民族团结创建活动,通过开展民族团结进步创建活动,不断巩固民族团结。从1983年开始,每年9月份开展"民族团结表彰活动月",建立了民族团结教育常态化机制,取得了显著成效,成为推进自治区民族团结进步事业的重要举措,深受各族群众欢迎、产生广泛的社会影响,各地区、各部门、各行业在创建活动中都是十分重视解决各族群众,尤其是少数民族群众最关心最直接最现实的利益问题,为他们办好事、解难事、做实事,切实改善了少数民族和民族地区的民生。在新时代背景下,内蒙古自治区形成了《内蒙古民族团结进步模范评选表彰办法》《内蒙古自治区民族团结进步创建示范单位命名管理办法》等创建活动政策体系和指导标准;构建了推进创建活动的机制,并坚持典型示范引领,在2017年自治区成立70周年时建成100个自治区民族进步创建活动示范单位,明确了内蒙古自治区创建活动的基本模式等,为民族团结进步教育起到巨大作用并取得突出成效。

内蒙古通过不断促进各民族交往、交流、交融,巩固和发展民族团结大局。各民族交往、交流、交融是社会发展的必然趋势,只要民族存在,各民族之间的交往、交流、交融就不会间断。中华民族也正是在交往、交流、交融中才逐渐形成了多元一体的格局。中华民族和各民族的关系,形象地说,就是一个大家庭和家庭成员的关系,中华民族是各民族共有的大家庭,各民族都是这个大家庭的成员。在长期历史进程中,生活在内蒙古的各族儿女密切交往、相互依存、休戚与共,共同开发建设了内蒙古,共同为创造中华文明做出了积极贡献。随着经济社会的发展,各民族进一步加深交往、交流、交融也是大势所趋。而民族间的交往、交流、交融不是空洞的口号,要落实到各族百姓生活的方方面面,从居住生活,工作学习,吃穿娱乐,婚丧嫁娶等日常小事入手,引导大家互相了解、互相尊重、互相包容、互相欣赏、互相学习、互相帮助,不断增进感情,促进各民族繁荣发展。尤其在新时期,面对复杂的国际、国内环境,内蒙古充分发扬民族团结优良传统,进一步巩固和发展平等、团结、互助、和谐的社会主义新型民族关系,切实保障少数民族群众的合法权益,尊重少数民族群众的风俗习惯、文化传统和宗教信仰,解决各族人民最关心、最直接、最现实的利益问题,从而促进各民族之间的交往、交流、交融。促进各民族之间的交往、交流、交融,首先要坚持民族平等。民族平等指各民族政治地位一律平等、法律面前一律平等和经济、文化、社会生活的所有领域平等。各民族一律平等是党的民族政策的基石,也是促进各民族交往、交流、交融的重要基础。内蒙古一直以来不允许任何民族有任何特权,禁止民族歧视和民族压迫,禁止一切破坏民族团结和制造民族分裂的行为。其次是要尊重少数民族文化。民族文化交往、交流、交融是民族关系发展的重要组成部分,各民族文化得到保护和提升,人民群众和谐相处,了解不断加深,民族团结的基础才能巩固。内蒙古对待少数民族文化始终坚持尊重差异、包容多样、相互欣赏的原则,重视少数民族文化遗产的保护,并注意吸收借鉴当代优秀文化,丰富和发展少数民族传统文化。再次要发展少数民族地区经济社会事业。各民族生产力发展水平与交往、交流、交融的程度是密切相关的。生产力的发展为社会交往、交流、交融提供条件,进而促进民族间交往、交流、交融的发展,民族间交往、交流、交融的发展,又促进社会生产力的提高,内蒙古促进各民族经济社会各项事业不断发展,共同走向民主、富裕、文明的社会主义现代化社会,共同享受国家现代化建设所取得的成果,从而奠定了各民族交往、交流、交融的基础。最后要克服交往、交流、交融中的语言障碍。语言相通是心灵沟通的重要前提,各族干部群众从互学语言开始加深了解,最终一定可以增进感情、深化团结。内蒙古始终认为,使用本民族的语言文字是民族平等权利的重要内容。一直以来内蒙古在尊重和发展少数民族语言文字的同时,提倡和鼓励在同一地方工作、生活的各民族干部群众互相学习彼此的语言文字,要求各民族之间互相学习、共同进步。并且深刻认识到,在促进各民族的交往、交流、交融过程中,双语教育具有非常重要的意义,从而把大力推进双语教育作为促进交往、交流、交融的重要手段和方式。

内蒙古通过不断完善民族工作体制机制,强化功能,明晰职责,理顺关系,提高了党员干部对党的民族政策的理解力和执行力,推进了全社会形成民族团结的强大合力。为巩固和完善民族团结,内蒙古始终正确看待和妥善处理民族内部矛盾,坚持"团结、教育、疏导、化解"为主的工作方针,落实责任,完善措施,着眼民族地区和谐发展。始终坚持依法治区的原则,依照宪法和法律规定,通过各种途径和形式管理民族事务,保证各项工作都依法进行。始终坚持服从和服务于改革、发展、稳定的大局的原则,在处理矛盾的过程,是什么范围的问题就在什么范围内解决,是什么性质的问题就用什么方法解决。始终坚持总体把握、统筹兼顾、协调解决的原则,把握各种矛盾之间以及矛盾内部各方面的关系,把握矛盾演变和发展的特点,总体上把握矛盾的构成。

内蒙古在 70 年处理民族矛盾事件的实践中逐渐形成一些具体的经验。一是要相信群众,创造民族团结良好氛围。认识到加强民族团结、维护社会稳定的基础在群众之中,内蒙古始终充分信任群众、依靠群众,开展形式多样的宣传教育活动，着力解决关系群众利益的实际困难和突出问题。创造民族团结良好的氛围。二是坚持依法管理，保障各民族共同利益。内蒙古从广大人民群众利益出发，依照宪法、法律、法规的规定，通过各种途径和形式管理涉及国家利益和社会公共利益的民族事务。民族内部矛盾有具特殊性，一旦引发往往错综复杂，处理起来比较棘手。而民族矛盾扩展性特点，易使局部问题可能转化为全局问题，经济问题可能转化为政治问题，非对抗性问题可能转化为对抗性问题。自治区相关部门积极主动、正视问题，对在事件中有违法行为的，严格依法处理，绝不姑息迁就。三是善于总结经验，完善民族工作体制机制。在事态平息后，自治区相关部门对已经承诺解决的问题，尽快落实到位。对一些有影响的民族宗教界人士，推心置腹地与他们交朋友，多接触、多交流，增进相互间的了解，在政治、生活上多关心照顾，发挥他们在消除隔阂、钝化矛盾方面的积极作用。对不明真相参与事件的群众，通过媒体、座谈会等形式，表明主管部门处理问题的诚心和决心，欢迎他们监督善后处理的进度，并将处理结果及时向群众公布。

2019 年 5 月 15 日，习近平总书记在北京国家会议中心出席亚洲文明对话大会开幕式所发表的题为《深化文明交流互鉴 共建亚洲命运共同体》的主旨演讲中指出："一切生命有机体都需要新陈代谢，否则生命就会停止。文明也是一样，如果长期自我封闭，必将走向衰落。交流互鉴是文明发展的本质要求。只有同其他文明交流互鉴、取长补短，才能保持旺盛生命活力。""蒙古马精神"源于蒙古马对草原民族生产生活的重要作用和草原民族对蒙古马的人文情怀，在这样的基础上，"蒙古马精神"孕育而生。习近平总书记曾指出："自古以来，匈奴、乌桓、鲜卑、突厥、回纥、契丹、女真、蒙古、汉等民族在这片辽阔的土地上繁衍生息，共同创造了美好家园。回顾历史，民族和平友好相处的范例不胜枚举。如千古流传的昭君出塞的故事，为中国和亲史书写下了最为亮丽的篇章。波澜壮阔的孝文帝改革，在中国历史上也写下了浓墨重彩的一笔。再如谱写了蒙汉友好一段佳话的隆庆和议，促进了蒙汉人民的经济和文化交流。

历史证明,在内蒙古高原这个北方游牧文化的摇篮,各民族相互依存、相互促进、共同发展始终是民族关系发展的主流,"蒙古马精神"的提出书写了不同文明交流互鉴的美丽篇章。在内蒙古这片充满希望的热土上,锐意创新、埋头苦干、守望相助、团结奋斗,促进全区各族人民像石榴籽一样紧紧抱在一起,拧成一股绳,用实际行动牢牢守住民族团结这条生命线,共同守卫祖国边疆、共同创造美好生活,让"模范自治区"的崇高荣誉在新时代绽放更加夺目的光彩,把祖国北部边疆这道风景线打造得更加亮丽,这是习近平总书记的殷切希望和重要要求,也是内蒙古各族儿女的共同心愿。

第二节　铸牢中华民族共同体意识必须弘扬"内蒙古精神"

中国是一个统一的多民族国家,各民族相互交织分布,文化兼收并蓄,经济相互依存,感情上贴近彼此,形成了相互融合的多元化格局。千百年来,中华民族之所以焕发出强大的凝聚力和向心力,就在于各民族有着共同的价值追求和精神依归;在历史波澜的沉浮跌宕中之所以生生不息、不断发展,就在于凝结为一荣俱荣、一损俱损的命运共同体。习近平总书记在中央民族工作会议上用朴实而深刻的话语道出了铸牢中华民族共同体的真谛:"各民族多元一体是老祖宗留给我们的一笔重要财富,也是我们国家的重要优势。我国各族人民共同缔造了中华人民共和国,都为中华民族形成和发展做出了卓越贡献"。

构建中华民族共同体意识是实现中华民族伟大复兴的思想前提,对国家统一、民族团结、社会稳定具有重要的理论价值和现实意义。党的十八大以来,内蒙古各族人民一直遵循、贯彻、落实党的民族政策,积极推进民族团结工作,构筑中华民族共同体意识,在实践中实现民族团结,并取得了一定成效,但是若要长期保持本地区社会稳定、民族团结,使铸牢中华民族共同体意识内化于心、外化于行,必须以内蒙古地区各族人民原有的精神实质——"蒙古马精神"为发展脉络,以"蒙古马精神"促成中华民族共同体意识的构建,将"蒙古马精神"作为建构中华民族共同体意识的思想基础。"蒙古马精神"中坚韧不拔、和谐团结的精神,与构筑中华民族共同体意识的主旨不谋而合。并且,在民族地区宣扬、落实中华民族共同体意识的构建,需要贴合民族地区原有被内蒙古各族人民欢心接受的精神基础来进行,这样会增强民族地区人民对中华民族共同体意识的认可度、接受度,从而推进中华民族共同体意识的构建。因而,在内蒙古地区宣扬、构筑中华民族共同体意识,应以"蒙古马精神"为契机、纽带,在弘扬"蒙古马精神"的过程中,构筑中华民族共同体意识。

一、中华民族共同体意识的内涵

在 2014 年召开的中央民族工作会议上,习近平总书记指出:"加强中华民族大团结,长远和根本的是增强文化认同,建设各民族共有精神家园,积极培养中华民族共同体意识。"这是官方文件首度明确使用"中华民族共同体"。在"中华民族"概念后加上"共同体"一词,进一步确认并强化"中华民族和各民族的关系,是一个大家庭和家庭成员的关系",确认中华民族作为共同体意义上的内部各民族与国家关系定位以及战略目标,从而明确提出培养中华民族共同体意识。通过"中华民族+共同体"凸显中国各民族是一个"同呼吸、共命运的整体",这是马克思主义民族理论的又一次创新。党的十九大报告再次强调,要铸牢中华民族共同体意识,并把"铸牢中华民族共同体意识"写入新修订的《党章》。这是新时期党中央领导集体基于全新的历史观、民族观、文化观做出的重要理论创新和重大战略部署,用"共同体"这一兼具政治性、经济性、文化性、情感性等诸多属性于一体的概念明确了中华民族的凝聚方式,是我们做好民族工作的行动指南。由此可见,深刻理解中华民族共同体意识内涵,通过一定路径铸牢中华民族共同体意识,对于处理我区民族工作,理解实现中华民族伟大复兴有着十分重要的战略意义。

中华民族共同体意识的核心要义"共同体"概念,源于社会学领域,最早由德国古典社会学家滕尼斯在其著作《共同体与社会》中提出。滕尼斯将共同体分为血缘共同体、地缘共同体与精神共同体。血缘共同体作为行为的统一体发展为地缘共同体,地缘共同体直接表现为居住在一起,而地缘共同体又发展为精神共同体,作为在相同方向和意义上的纯粹的相互作用和支配关系。中华民族共同体是融血缘、地缘与精神为一体的民族共同体。英国著名社会学家齐格蒙特·鲍曼在《共同体》一书中认为:共同体是一个温暖而舒适的场所,一个温馨的"家"。在这个"家"中,人们彼此信任、互相依赖。"共同体"不是一个已经获得和享受的世界,而是一种人们热切希望栖息、希望重新拥有的世界。中华民族共同体是中华各民族、港澳台同胞、世界各地华人共同的"文化之家""精神之家",更是一个实实在在的"祖国之家"。

"中华民族共同体意识"是由"中华民族共同体"和"意识"两个概念组成的,换成另外一个表述方式就是"中华民族共同体的意识"。在这里,"中华民族共同体"是客观实体或客观存在,而"意识"是一种思想、观念、精神等主观层面的认知结果,中华民族共同体意识是思想层面的意识。根据马克思主义的基本观点,意识是客观事物投射到人的大脑后所形成的主观映像,即马克思所谓的"观念的东西不外是移入人的头脑并在人的头脑中改造过的物质的东西而已"。意识的形成具有主观性,但意识的能动性可以通过人们的社会实践活动表现出来。也就是说,"中华民族共同体意识"就是"中华民族共同体"这一客观事实在人们头脑中的主观认知,是人们在社会实践中对中华民族和中华民族共同体的态度、评价和认同结果。中华人民共和国成立以来，对中华民族共同体意识这种自觉意识进行了理论上的完善与发展，上升为国家治理的基本理念。并且，通过政策引导、制度制约、文化宣传、教育培植等途径，铸牢"中华民族共同体意识"，使其成为新时代中国特色社会主义理论的一部分，以此来有效解决中国的民族问题、国家统一问题、国际关系问题等，进而真正实现中华民族的伟大复兴。党的十九大报告明确将"中华民族共同体意识"确定为现代中国国家治理的一个核心理念。"中华民族共同体意识"包括三层含义：第一层含义是中国境内各民族多元一体，形成的中华民族共同体意识。第二层含义是在解决香港、澳门遗留问题及台湾问题上，中华民族共同体意识是共有的民族意识，是中华民族相互认同的血缘、地缘与精神基础。以中华民族共同体意识的培植为路径，有利于解决国家统一大业问题。第三层含义是全世界华人以中华民族共同体意识为基础，解决好中华民族与世界其他民族发展的人类"命运共同体"问题。中华民族共同体理论的根基在于"人与自然和谐共生"共同体，拓展解决中国的民族问题、国家统一问题、国际关系问题，旨在形成全球共生的"人类命运共同体意识"。

综上所述，我们要牢牢把握中华民族共同体内涵，认识到中华民族历来是一个命运共同体、经济共同体、政治共同体以及文化共同体。千百年来，内蒙古自治区各民族通过交往交流交融，彼此认同、休戚与共，在政治向心、文化凝心等价值引领下，不断培育和熔铸中华民族共同体的自觉意识。但不可否认的是，在思想与价值环境日趋多元、风险成为社会重要特征、世界范围民族主义浪潮勃兴的现时代，内蒙古自治区铸牢中华民族共同体意识也正在面临由经济、政治、文化等多种发展条件带来的现实困境及挑战，急需通过"蒙古马精神"作为纽带联系各族、铸牢中华民族共同体意识。

二、"蒙古马精神"是铸牢中华民族共同体意识的纽带

内蒙古自治区熔铸中华民族共同体意识是全国各少数民族自治区的缩影,由于处在特殊的地理共生态、经济共生态、人文共生态及交往共生态中,内蒙古自治区铸牢中华民族共同体意识的条件既有与其他少数民族地区的相同之处,又具有其显著的相异性特征。实践证明,"蒙古马精神"植根于草原文化之中,是全区各族人民坚不可摧的精神支柱,为内蒙古铸牢中华民族共同体意识加固。但因区位战略的特殊性与复杂性、思想与价值环境的多元性、社会特征的风险性等多重因素,内蒙古自治区铸牢中华民族共同体意识经受着严峻考验。如何通过弘扬"蒙古马精神",铸牢我区中华民族共同体意识,加快经济发展,增强我区综合实力,推动民族团结进步,巩固边疆稳定,是我们必须面对和有效解决的重大问题。

(一)弘扬"蒙古马精神",为中华民族共同体意识的构建提供强大的物质基础

发展和团结是民族地区的两大任务,二者相辅相成。发展是硬道理,是第一要务;团结是硬任务,是第一职责。经济发展了,社会进步了,各民族共同富裕了,平等团结互助和谐的民族关系才得以进一步巩固,民族凝聚力也会大大增加,铸牢中华民族共同体意识就有了坚实的基础、可靠的保障。实现各民族共享改革发展成果,铸牢中华民族共同体意识,必须加快全面小康和现代化建设进程。没有相应的发展基础,"共享"成果和铸牢共同体意识,都是海市蜃楼、水中捞月。在我们统一的多民族国家抓发展,一定要秉持全国"一盘棋""一个都不能少"的理念,明确没有民族地区的小康、就没有全国的小康以及没有民族地区的现代化、就没有全国的现代化的共识。这是中国共产党的根本宗旨使然、是中国特色社会主义制度的本质使然,关系到中

华民族共同体这个大家庭的和谐和顺。习近平总书记在中央民族工作会议讲话中强调，发展的根本目的就是让各民族群众过上好日子，这是我们一切工作的出发点和落脚点。所以，必须把加快发展与增加各族群众福祉紧密结合，让群众更加充分地参与到社会经济生活中去，更好地共享改革发展成果，推动形成利益共享、使命共担、命运共系的局面。新时代背景下我国社会主要矛盾悄然发生转变，体现为人民日益增长的美好生活需要和不平衡不充分的发展之间的矛盾，而这种不平衡不充分的发展，在民族工作上显示为民族地区相较东部沿海地区，中部地区，经济发展相对落后，经济实力有所欠缺，民族之间经济实力也存在不同程度的落差。这种经济实力上的差距在一定程度上也影响了内蒙古自治区实现小康目标。现阶段对于内蒙古地区来说，发展是必需的、是必要的，但是实现什么样的发展，却待商榷。内蒙古自治区是我国的资源富集区、生态屏障区、文化特色区和边疆地区，曾一味追求快速的发展模式，这显然不适合新时代背景下对发展的定义，也不是实现小康目标的正确途径。应当认识到，新时代下的发展不是一味地追求"高速"，而是对"速"追求的同时渴望发展的"质量"，因而内蒙古地区逐渐展开"有速有质"的发展，并在此中不断发现问题、解决问题，有质量的发展才能为意识的构筑提供物质基础。而内蒙古地区要坚持优质发展，实现全面小康的目标，务必发挥"蒙古马精神"，"蒙古马精神"就是忠诚勇敢的精神，要求内蒙古各族人民在"蒙古马精神"的号召下，承担自身的社会角色应承担的社会责任，为中华民族共同体意识的构建的经济基础贡献一分力量。

首先是政府层面。政府机构应发挥主导性作用，政府机关，作为上传下达的重要环节，在为中华民族共同体意识构建充足的物质基础上，发挥着主导型作用。因此，内蒙古地区的政府机构要扮演好自身角色，履行相应的义务，在发扬"蒙古马精神"的过程中忠于职守，忠于职责，为中华民族共同体意识的培育准备充足的物质基础。

其一要尽忠职守，发挥"引路人"的作用。"蒙古马精神"意为忠诚勇敢的精神,政府官员在发扬"蒙古马精神"的过程中,要忠诚于党的事业,对党的决策及时传达,关注党的决策的执行情况。在发展经济的过程中,要关注经济环节的连贯性、执行性、实效性,为党的政策在本地区的落实、贯彻保驾护航。在本民族地区构建中华民族共同体意识需要强大的物质基础支撑,所以,政府机关要在思想上、言论上、行动上同党中央保持高度一致,同党的路线、方针、政策保持高度一致,正面宣传党的基本理论、大政方针和科学知识的,要用学术讲政治。无论是教学还是科研,绝不能出现与党的主张、党的理论不一致的杂音。除此之外,还需牢牢抓住"蒙古马精神"的实质,以身作则、踏实勤劳、忠诚勇敢,及时推进本地区经济发展,经济转型,结合本地区的民族特色,推进本地区经济发展速度。

其二要开拓创新,发挥创路者的作用。中华民族共同体意识所需的物质基础,可从以下几方面进行:第一,实事求是,具体问题具体分析。内蒙古政府机构要结合实际情况制定相关的发展政策,专题研究本民族地区发展问题,并且积极争取国家对内蒙古地区的优惠政策,有计划、有重点地把资金支持投入到重点领域,集中力量办大事,推动民族地区的经济发展,为中华民族共同体意识的形成准备充足的物质基础。第二,民生领域要重视。民生问题的解决与否直接关系到发展成效的好坏,影响到内蒙古地区经济发展的速度,所以,必须重视民生领域的投入,关注人民生活环境的好坏,关注人民公共服务基础设施的完备与否,除此之外,政府机构还需关注民族教育问题,关注教育水平,提升教育质量。第三,产业发展重扶持,要突出特色、挖掘潜力,可设立专项资金、实行财政以奖代补,推动农牧产品加工增值,壮大经济实力。还要对民族贸易和民族用品定点生产企业实行贷款贴息政策,并在项目支持、重大项目建设上,特别是既能稳增长、又能惠民生,有利于长远发展和改善生态环境的项目,集合我区具体情况优化布局。

其次是个人层面。个人要充分发挥参与者作用。为中华民族共同体意识在本民族地区的形成奠定物质基础,还需要个人的参与,如果说政府机构在这一过程中起到穹顶的作用,那么个人便是起到地基的作用,建成中华民族共同体意识这一大厦,政府机构、个人缺一不可。为此,在铸牢中华民族共同体意识的过程中,个人需发挥"蒙古马精神",积极向上,开拓进取,为其贡献自身的绵薄之力。要在全社会践行"蒙古马精神"。人是构成国家的最基本单位,在一个国家内、社会中,完成任何举措、活动、实践都需人参与其中,缺少了人,国家就会丧失活力,社会就会缺失其存在的意义。铸牢中华民族共同体所需的物质基础不能缺少政府机构的保驾护航,不能缺少社会为其营造的良好氛围,更不能缺少社会中的个人的参与其中,可以说,只有个人参与到这一浩大工程中时,这一工程才有成功的可能。

为此,个人必须主动发扬"蒙古马精神",为中华民族共同体意识的形成奠定基础。可从以下两个方面进行:第一,从我做起,弘扬"蒙古马精神",个人作为社会中的基本单位,承担了社会运行的重要责任,在社会这个集合体中,个人会在无形之中影响他人,也会在无形之中与他人建立联系,所以交流就成了必备技能,而如何与他人交流是必须思考的问题。"蒙古马精神"传承着和谐团结的精神,习近平总书记明确提出"守望相助""把祖国北部边疆这道风景线打造得更加亮丽"的时代要求,期许内蒙古地区 2500 多万各族人民弘扬和谐团结、协同作战,加快内蒙古建设步伐,因而,必须将"蒙古马精神"中的团结和谐作为平时生活的重要准则之一。社会的发展,中华民族共同体意识的培育离不开每一个社会人的团结奋斗,离不开大家的团结协作,也正是在无私无我的奉献中,每个人成就了自己,实现了自我;正是在团结协作中,每个人成就彼此,实现了团队的共同发展。习近平总书记在说各民族团结在一起共同奋斗时用了一个很形象的词——石榴籽,我们社会中所有人也要像"石榴籽"一样紧紧地抱在一起,紧密团结在中华民族共同体意识培育的进程之中,将"蒙古马精神"之声传递在内蒙古大草原,传遍整个中华神州大地。第二,坚定信念,弘扬"蒙古马精神"。"蒙古马精神"是坚韧不拔,是持之以恒,所以,对于个人来说,要树立坚定的理想信念,理想信念能够决定人的精神世界的方向,是人的精神支柱和动力,是一个人精神上的钙,正像习近平总书记指出的,"没有理想信念,理想信念不坚定,精神上就会'缺钙',就得'软骨病'"。必须要坚定理想信念,坚定不移地走中国特色社会主义道路,保证坚定正确的政治方向。而要树立理想信念,就要加强理论武装,尤其是习近平新时代中国特色社会主义思想理论;要提升理论修养,不断地学习、学习、再学习,守得住爬格子的辛苦和寂寞,"人不堪其忧,回也不改其乐也",以理论上的清醒保证政治上的坚定;还要着重在"常""长"二字上下工夫,注重经常,长期坚持,持之以恒。

(二)弘扬"蒙古马精神",为中华民族共同体意识的建构铸牢精神文化基础

"没有人民精神世界的极大丰富,没有民族精神力量的不断强大,一个国家、一个民族不可能屹立于世界民族之林。"中华民族在发展的历史流变中,经历无数坎坷,战胜诸多困难,中华文明生生不息,就是因为有强大的精神力量。中华民族的56个民族,每一个民族在其形成和发展的漫长历史过程中,都形成了独有的文化和心理,都有其精神家园。习近平强调,"文化认同是最深层次的认同,是民族团结之根、民族和睦之魂。"构建各民族共有精神家园的核心是文化认同。文化认同是人们对某种文化认可、接受并自觉实践的过程。在经济全球化迅猛发展的背景下,不同国家、不同民族之间的文化也在发生激烈的碰撞,文化成为识别一个民族的重要标志。我国56个民族有56种民族文化,中华文化不只是某一个民族的文化,而是各民族优秀文化的汇集。作为中华民族的一员,每一个民族既要认同本民族之外的其他民族的优秀文化,还要认同并弘扬践行本民族文化。但由于对本民族文化的认同感和认识程度不同,在民族地区铸牢中华民族共同体意识会遇到诸多困难。而要解决这些问题,须借助"蒙古马精神","蒙古马精神"作为内蒙古自治区草原文化的重要资源,能够提高内蒙古各族人民的文化认同感,

促进解决构筑中华民族共同体意识所遇到的困难,因而必须要高度重视"蒙古马精神"的宣扬,以多途径弘扬"蒙古马精神"。

首先要完善公共文化服务设施,为弘扬"蒙古马精神"创造条件。公共文化服务设施重在"公共"。公共意为共享,大力发展公共文化服务设施,是响应"五大发展理念",促进民族团结的必要举措,也是铸牢中华民族共同体意识的必然选择。公共文化设施是公共服务事业的主要领域,也是弘扬"蒙古马精神"的传播之地。"蒙古马精神"内在于心,外化为日常表现,可寄托于文化设施得到传承和传播。日常的文化服务设施直接关系到民生,是民众精神需求得以满足的重要保障。在日常公共文化服务设施的建立完善过程中,需将"蒙古马精神"注入本地区公共文化服务事业之中,不断完善公共文化服务体系,深入实施文化惠民工程,丰富群众性文化活动。而要完善公共文化服务体系,需要多方面力量共同努力。如既是"蒙古马精神"的传承者,又是"蒙古马精神"的保护者的政府机构就需加大对公共文化服务体系的投入、支持力度,制定相关政策来确保公共文化事业的开展与维持,并且应积极利用现有的互联网条件,进一步推动"蒙古马精神"走入人心,为中华民族共同体意识的建立奠定思想基础。当然公共文化服务体系的完善只靠政府职能的发挥是非常困难的,除了政府力量外,应该引导社会各界人士来为公共文化服务设施的完善贡献力量,以促进形成公共服务供给体系的多元化,从而推进公共文化服务事业的发展。

其次要大力发展文化事业,为弘扬"蒙古马精神"创造条件。文化事业是"蒙古马精神"的寄托,大力发展文化事业,通过文化产业促进本地区各项事业的发展,对于推进民族团结具有重要作用,对中华民族共同体意识的培育也具有重要意义。当然,民族文化事业并没有全然涵盖"蒙古马精神",只能说"蒙古马精神"可折射在文化事业之上,而文化事业也不能完全等同于民族地区经济的发展,文化事业蕴含着以文化人的价值影响力。这包含两方面的内容:一方面是文化企业的国家认同,另一个就是文化产品的国家元素。所以,将"蒙古马精神"融入本地区文化事业和文化产品中去,在潜移默化中发挥其潜在价值影响力,对民族团结共识的达成具有重要意义,其中要政府发挥政策引导作用,在遵守社会主义核心价值观的前提下,把"蒙古马精神"以符号的形式融入少数民族文化企业及其文化产品中,通过商品使用价值的效应使其融入人们的生活,转化为人们的外在表现。古往今来,每个国家,每个社会,都可以从其文化产品中看到他们独特的价值理念,而这些价值理念潜在地影响着众人,因此,在内蒙古地区的文化产品设计中,既要有本民族特色,又要有中国特色社会主义文化的内涵,既要体现族群的多样性,又要展现中华文化的一致性。在发展少数民族文化产品和文化事业中,把"蒙古马精神"通过产品消费的方式浸润到人们的审美情趣中,使得消费者在体验文化产品的过程中,感受民族特色的亲近感。作为传播"蒙古马精神"载体的文化事业的形式不是单一的,而是要"千变万化"的,但是形式的改变并不意味着民族特色的缺失,而在保持民族特色的过程中需要在产品的设计内涵上下工夫,使其既满足人们对多元文化产品的精神需求,又实现了多元一体的价值整合。因此,在内蒙古地区发展文化事业的过程中,需要政府引导社会效益和经济效益的协调发展,要融民族文化的创作与社会主义意识形态的塑造为一体,将生产发展和精神需求结合起来,达到二者的辩证守衡,让内蒙古人民感受文化需求满足的同时,又体会到"蒙古马精神"的传承,领会吃苦耐劳、一往无前的精神,从而为文化认同创造条件,为中华民族共同体意识的建构创造条件,在社会主义核心价值观的引导下,将"蒙古马精神"融入文化产品和文化事业中,从而促进"蒙古马精神"的传承,发挥"蒙古马精神"对促进民族团结的作用,为中华民族共同体意识铸牢思想基础,从而减小阻力,解决或缓和难题。

再次,弘扬"蒙古马精神",就必须把为人类做出贡献的马保护好、研究好、发展好。近年来,内蒙古自治区在经济平稳发展的同时,在马业发展方面也占据重要地位。内蒙古自治区具有底蕴深厚的马文化传统以及良好的马业发展资源条件,全力加快内蒙古马业发展,对于充分展现内蒙古自治区各族人民的精神风貌,自治区深厚、独特的草原文化及民族马文化,推动社会主义核心价值体系的建设、促进民族文化事业发展与旅游产业发展,促进牧民群众增收、形成经济发展新的增长点、实现富民强区都将产生积极的带动作用。要把自治区及各盟市、旗县市区对外有影响力的那达慕赛事以及有影响力的赛马等活动继续办好,并在这些赛事活动中选择重点,进一步打造提升成为区级、盟市级对外有影响的赛事,并策划设计将一些观赏性比较强的活动打造成为旅游文化活动品牌。盟市旗县市区文化、旅游部门应加大对马赛事活动的扶持和引导,打造和提升马赛事活动品牌,积极引导社会力量投资发展马产业。弘扬"蒙古马精神"从马抓起,做马的品牌效益和文化产品,为铸牢中华民族共同体意识奠定基础。

最后,建立中华民族共同体意识,需以中华传统优秀文化为契机,以此增强自身的被认可度。习近平总书记指出:"要加强对中华优秀传统文化的挖掘和阐发,努力实现中华传统美德的创造性转化、创新性发展,把跨越时空、超越国度、富有永恒魅力、具有当代价值的文化精神弘扬起来,把继承优秀传统文化又弘扬时代精神、立足本国又面向世界的当代中国文化创新成果传播出去。"因而,要不断挖掘中华民族优秀的传统文化,在新的时代背景下,使其焕发出新的活力和生机。在内蒙古各族人民世代相传的"蒙古马精神"就是这样优秀的中华传统文化,同时既要传承"蒙古马精神",还需结合新的时代背景,赋予其新的生命力。当前,"蒙古马精神"可以帮助内蒙古人民增强对中华文化、中华民族的认同感,所以必须加以坚持。但是,不能否认的一点是,在文化思想爆炸式发展的今天,中华民族优秀传统文化面临了许多挑战,"蒙古马精神"也面临着来自多种文化的冲击,因此,只有不断发掘,创新发展,结合时代的特征,才能发挥出新的价值,为中华民族共同体意识的构建创造条件。

中华民族共同体意识的培育并不意味着原有精神文化的缺失,反而是中华民族多元文化的求同存异,中华民族文化会吸收原有少数民族传统文化的精髓。习近平指出:"本国本民族要珍惜和维护自己的思想文化,也要承认和尊重别国别民族的思想文化。不同国家、民族的思想文化各有千秋,只有姹紫嫣红之别,而无高低优劣之分。每个国家、每个民族不分强弱,不分大小,其思想文化都应该得到承认和尊重。"费孝通认为在处理不同文化关系时,要"各美其美,美人之美,美美与共,天下大同"。所以,构建中华民族共同体意识并不会吞并"蒙古马精神",相反,"蒙古马精神"会为中华民族共同体意识的培育创造良好的条件。

(三)弘扬蒙古马精神:为中华民族共同体意识的建构奠定稳定 社会环境

党的十八届三中全会首次使用"社会治理"的概念,提出加强和创新社会治理。党的十八届四中全会强调,推进多层次多领域依法治理,坚持系统治理、依法治理、源头治理、综合施策,提高社会治理法治化水平。党的十九大报告更进一步指出,在加强和创新社会治理领域,要建立"共建共治共享"的社会治理格局。在此社会治理创新不断深化的情况下,内蒙古民族地区作为社会治理的"重中之重",在社会治理上与时俱进,不断探索,整体社会治理体系更加成熟、社会治理能力日益增强,社会治理水平在向高层次、高水平迈进。但不可否认的是,面对迅猛的社会发展,内蒙古民族地区的社会治理还存在一些突出问题,以期能进一步推进民族地区社会治理的现代化进程,维护社会环境安全健康,须在全社会中营造"蒙古马精神",让踏实肯干,积极进取,团结奋进萦绕在整个社会之上。以"蒙古马精神"服务于依法治理民族事务、坚持和完善民族区域自治和促进民族交往交流交融等各方面,不断铸牢中华民族共同体意识,民族大团结就会稳如泰山、坚如磐石。

首先,要弘扬"蒙古马精神",依法处理民族事务。习近平总书记在十九大报告中指出:"全面依法治国是中国特色社会主义的本质要求和重要保障",并将全面依法治国确立为新时代坚持和发展中国特色社会主义基本方略的重要内容,强调要继续推进全面依法治国战略,建设社会主义法治国家。中华人民共和国成立以来,我们党就高度重视法治建设,民族事务始终被置于法治建设大战略并与其他社会领域各项事务整体推进,成为民族事务治理的必然选择。习近平总书记在中央民族工作会议讲话中提出要用法律保障民族团结,指明了依法治理民族事务的关键点,为依法加强民族团结、铸牢中华民族共同体意识提供了法治保障。在新时代的伟大征程中,要弘扬诚实信义的"蒙古马精神",进一步加强内蒙古自治区法制建设,将铸牢中华民族共同体意识以及保障各民族合法权益、维护民族团结的要求融入国家整个法律体系之中,推动有关民族事务的方针政策在国家法律法规中得到切实体现。

其次,要弘扬"蒙古马精神",坚持和完善民族区域自治,认识到民族区域自治是铸牢中华民族共同体意识的制度保障。习近平指出:"民族区域自治是党的民族政策的源头和根本,许多民族政策都是由此而来,依此而存,这个源头变了,根基就动摇了,在民族理论、民族政策、民族关系等问题上就会产生多米诺效应。"20世纪80年代末90年代初,"苏东剧变"后,国际敌对势力和国内一些分裂主义分子就否定中国实行的民族理论和政策。拉萨"3.14"事件、乌鲁木齐"7.5"事件、昆明"4.1"事件发生后,一些人认为是我党的民族政策错误导致了极端民族主义发生,提出学习西方"民族大熔炉"政策,主张取消民族区域自治制度,实行各民族交融一体发展的"第二代民族政策"。一段时间内,围绕实行还是取消民族区域自治制度的争论不休。我国实行民族区域自治制度体现的是马克思主义的公平思想,其目的是追求事实上的民族平等,与西方"民族大熔炉"政策基于公民法律上的形式平等有着本质区别,一旦取消民族区域自治制度就会背离马克思主义公平思想,就会动摇党的民族理论和政策的根基,脱离我国民族现状实际,引起少数民族的不满,产生民族矛盾冲突,不利于铸牢中华民族共同体意识。因

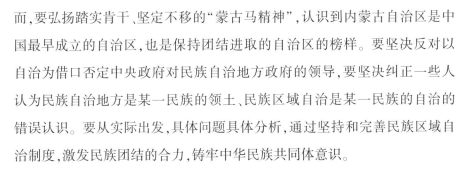

而,要弘扬踏实肯干、坚定不移的"蒙古马精神",认识到内蒙古自治区是中国最早成立的自治区,也是保持团结进取的自治区的榜样。要坚决反对以自治为借口否定中央政府对民族自治地方政府的领导,要坚决纠正一些人认为民族自治地方是某一民族的领土、民族区域自治是某一民族的自治的错误认识。要从实际出发,具体问题具体分析,通过坚持和完善民族区域自治制度,激发民族团结的合力,铸牢中华民族共同体意识。

最后,要弘扬"蒙古马精神",推进嵌入式社区建设,促进内蒙古自治区各民族交往交流交融。这既是我国社会主义民族关系的发展方向,也是铸牢中华民族共同体意识的社会基础。从社会维度出发,民族互嵌式社区既是情感共同体又是地缘共同体,把现代社会治理的顶层设计和基层相结合,推进相互嵌入式社会结构和社会环境建设,是一项系统工程,有利于整合社区共同体意识,促进各民族的交流交往交融。一是弘扬"蒙古马精神"开展全方位的民族团结教育。"蒙古马精神"已逐渐被更多的群体接受,以此开展的教育活动,可以更好地鼓励各族人民跨区域、跨城乡、跨行业、跨产业等全方位多形式交流互动,推进各民族嵌入式文化教育结构、就业形式、居住条件、社区环境等发展,搭建互惠、互利、互动的交融平台,推动各族同胞相互了解、相互包容、相互帮助,营造和睦共处、和谐发展的社区氛围,增强各族人民的国家意识和民族意识。二是弘扬"蒙古马精神"加强宣传引导教育。社区在宣传国家、民族等相关政策时应创新工作方式方法,通过社区QQ群、微信群、公众号、宣传栏、居民之家、语言学习兴趣班等多种形式提供服务平台,帮助不同民族同胞间减少语言沟通障碍,增进各族居民间的感情。同时,做好社区工作者、社区群众、少数民族中的个别人物等的宣传引导工作。用"蒙古马精神"感染他们,使他们与服务对象有相同的精神桥梁,从而更好的进行宣传工作。讲好蒙古马故事营造汉族和少数民族群众间和睦友好的氛围,有利于培育社区共同体意识,推动社区各族居民间的交流。

综上所述,新时代构筑中华民族共同体意识是一项重要任务,我们要传承中华民族的优秀文化基因,积极弘扬和践行"蒙古马精神",通过弘扬"蒙古马精神"为铸牢中华民族共同体意识奠定了物质基础、精神基础和社会基础,不断增强各族人民的凝聚力和向心力,使全国人民都像石榴籽那样紧紧抱在一起,手足相亲、和睦相处,人心相聚、守望相助,使中华民族永远屹立于世界民族之林。同时我们也要深刻认识到,构建中华民族共同体意识不是一蹴而就的,它需要各界人士、各界力量拧成一股绳,齐心协力,在努力进取中为中华民族共同体意识的建构打下物质基础,在踏实肯干中为中华民族共同体意识的建构提供精神动力。

第五章

「蒙古马精神」丰富了
「中国精神」的谱系

蒙古马不仅是马背民族的交通工具,同时也是民族文化的重要组成部分,是民族文化精神的代表。"蒙古马精神"经过历史的沿袭已经融入边疆人民的血脉中,扎根于中华民族的奋斗史中,它不仅仅只属于内蒙古大草原,它更是属于全中国,属于全世界,成为"中国精神"的一个重要组成部分。

第一节 "蒙古马精神"蕴含的"中国精神"

提到"中国精神",我们必然要问何为"中国精神"？贯穿于中华民族五千年历史,积蕴于近现代中华民族复兴历程的以爱国主义为核心的民族精神和以改革创新为核心的时代精神是不二回答。"中国精神"是具有很强的民族聚集、动员和感召效应的精神,而以"吃苦耐劳""一往无前"等为主要内涵的"蒙古马精神"则更彰显了以爱国主义为核心的民族精神和以改革创新为核心的时代精神的精神品质,丰富了"中国精神"的谱系。

一、"吃苦耐劳"彰显了以爱国主义为核心的民族精神的精神品质

民族精神指的是一个民族在长期共同生活和社会实践中形成的,为本民族大多数成员所认同的价值取向、思维方式、道德规范以及精神气质的总和。一个缺乏自己民族精神的民族,是不可能自立于世界民族之林的。在五千多年的历史发展过程中,中华民族形成了以爱国主义为核心的团结统一、爱好和平、勤劳勇敢、自强不息的伟大民族精神。"中国精神"博大精深,它是勇敢、执着、奉献,传统文化的精华,是中华民族传统的勤劳、善良、热爱、无私奉献精神的象征,是中华民族顶天立地、吃苦耐劳、任劳任怨、自觉自信、自强不息、厚德载物精神的载体。其中爱国主义是"中国精神"的核

心。"爱国主义"是中华民族终极归属感与荣誉感,是实现中华民族伟大复兴的基本内容,而只有具备了最基本的"中国精神",才能具备更高更可贵的"中国精神",才能完成社会主义的历史使命。吃苦耐劳作为中华民族伟大"中国精神"的重要组成部分,是"中国精神"的特征,是"中国精神"的关键,是中华民族的传统美德。蒙古马身上所具有的吃苦耐劳的精神彰显了以爱国主义为核心的民族精神的精神品质。

(一)"吃苦耐劳"是蒙古马独特的精神品质

吃苦耐劳就是说能够经受得住最艰难、最困苦的生涯,也能够经得起、耐得住劳累。正如孟子所言:"天将降大任于斯人也,必先苦其心志,劳其筋骨,饿其体肤,空乏其身,行拂乱其所为,所以动心忍性,增益其所不能。"自古以来,中国人民就能经得住各种艰难考验,在苦难中锤炼心志,在励精图治中豁达张扬。而正是这种吃苦耐劳的精神,缔造了无数的属于中华民族的传奇。"韦编三绝"的孔子,发于畎亩之中的舜,举于版筑之间的傅说,举于鱼盐之中的胶鬲等都表现出中华民族身上所具有的吃苦耐劳精神品质,而"吃得苦中苦,方为人上人"更是成为代代流传的至理名言,形骸有尽,精神不朽;水穷云起,薪火相传。而在蒙古马身上,吃苦耐劳的精神更加得到彰显。

"马背上的民族"是对蒙古族最贴切的称谓。蒙古马在生产、生活、战争、迁徙等方面体现出的"不畏寒暑、不惧艰险、坚韧不拔的精神;知难而进、无所畏惧、勇往直前的精神;刚烈剽悍、赤胆忠心、忠于职守的精神;甘于奉献、无怨无悔、英勇拼搏的精神",已经凝结为独特的"蒙古马精神"。蒙古马托起了蒙古民族辉煌的历史,人与马同生现象,是蒙古马文化中特有的神奇现象。蒙古人与蒙古马是风雨同舟的伙伴,是亲密无间的战友,蒙古人日常的游牧、狩猎、贸易、通讯、出访、运输、征战、护疆都必须用到马匹,蒙古马也必须依附于人才有所作为。

在牧人心目中,蒙古马文化是草原民族物质生活和精神生活的有机组成部分,是一种技能体系、一种知识体系、一种审美体系、一种信仰体系。作为游牧民族的蒙古族在长期与马的亲密接触中也学习到了马身上那种独特的精神,逐渐地马从蒙古族的伙伴和工具发展为人们所信仰和崇拜的文化图腾。他们对马的情感、对马的爱恋、对"蒙古马精神"的追求,已深深融入草原蒙古民族的灵魂。

(二)"吃苦耐劳"是中华民族重要的民族精神

人离不开马,草原上的牧人更是离不开马这一亲密的伙伴,草原上蒙古人自出生以来,蒙古马就是其生长的摇篮,他们与马相伴一生,蒙古人把神武英俊的马视为精神的寄托,在他们眼里,蒙古马代表的不仅仅是一种交通工具,更是蒙古族文化的重要组成部分,他们认为蒙古马是长生天赐予草原人的神物。

蒙古马所具有的吃苦耐劳的精神正是代表了从小生于苦寒之地的蒙古人所具有的吃苦耐劳品质,代表了中华民族吃苦耐劳精神品质。西方历史学家曾评论蒙古人的吃苦耐劳的精神极其顽强。蒙古人从小生于苦寒之地,他们"春季居山,冬季则归平原,至是家畜只能用蹄掘雪求食。设若解冻后继以严冻,动物不能破冰,则不免于饿毙。马蹄较强,遭此厄较少,故在家畜中为数最众",除此之外,蒙古人有时候就靠喝马奶充饥,甚至必要时,只用马奶就可以维持一个月的生活。蒙古男人会训练自己在马背上过两天两夜的生活,在马吃草的时候甚至都可以在马背上睡觉,可以说世界上没有任何一个民族能在困难中表现的如此能忍耐。蒙古族英雄史诗《江格尔》就赋予了主人公草原勇士的优秀品质,在人物塑造方面取得了非常突出的成就。比如在描写主人公江格尔的时候,反复叙述了他在童年时受到的磨难,在大英雄洪古尔时,史诗饱含深情地说洪古尔身上集中了"蒙古人的 99 个优点",他们为宝木巴事业奋斗不息,即使粉身碎骨也在所不惜,体现了蒙古族那种吃苦耐劳、英雄尚武的精神品质,这部具有极强文化价值的史诗深刻反映了蒙古族人民身上所具有的吃苦耐劳的精神,反映了蒙古族人民的生活理想。

蒙古马和蒙古族人民身上所具有的吃苦耐劳的精神品质,彰显了以爱国主义为核心的民族精神的精神品质。中华民族精神作为中华民族儿女共同的语言,共同的觉悟,共同的理想,源自让世界更和谐、更美好,是真正的中国人所应具有的精神,它是中华民族坚挺的脊梁,是坚强不屈的中国魂,中华民族精神就是中国魂。

二、"一往无前"契合了以改革创新为核心的时代精神的精神特征

时代精神是时代发展的产物,是一个时代的人们在文明创建活动中体现出来的精神风貌和优良品格,是人类文明在每一个时代的精神体现。时代精神集中表现在社会的意识形态当中,但必须清楚地认识到并不是说任何意识形态中的现象都表现着时代精神,只有那些能够代表时代发展潮流的,能标志一个时代精神文明的,能激励一个民族奋发图强、振兴祖国强大精神动力的,对社会生产的发展产生积极影响的才可以称之为时代精神。不同时代有不同的时代精神,它是每一个时代特有的普遍精神实质,在民主革命时期形成的"井冈山精神""长征精神""延安精神""红岩精神"等;在社会主义建设时期形成的"雷锋精神""铁人精神""焦裕禄精神"等;改革开放以来形成的"改革创新"精神、"抗洪精神""两弹一星"精神等都体现了中华民族儿女在每个时代的精神。正是不同历史阶段"中国精神"的不同的时代内容,促进了"中国精神"的更新与升华。而蒙古马身上具有的"一往无前"的精神正契合了以改革创新为核心的时代精神的精神特征。

（一）"一往无前"是蒙古马独特的价值符号

蒙古马肩负着北方游牧民族转移牧场、寻找水源、踏破尖冰、拓展疆场的使命。一旦接受了主人的指令，就不畏险阻、一往无前。在历史发展的长河中，蒙古马经受着来自于自然界、来自于猛兽、来自于一切敌人的生死拼搏，它们与自己的体力相抗争、与一切艰难困苦相抗争，无论在什么时候都能毫无畏惧地迎着困难而上，保护着自己、保护着种群的同类，与自己认定的人类伙伴勇敢地决不罢休地一直向前，既求得了生存发展，又成就了蒙古马的英名，蒙古马一往无前的精神也深深地影响着人类。

草原民族善骑射，从早期的游牧部落到远征四海，靠着蒙古马灵活、疾速和耐力极强的特点，在战场上英勇无比、屡建奇功。可以说蒙古马成就了蒙古人建立起庞大的蒙古帝国，创造了璀璨的蒙古族文化。蒙古人崇拜马的速度、力量、灵性，他们认为马既能冲决黑暗和逆境，他们视马为长生天赐予的神物，奔腾驰骋的马是他们民族精神的寄托。而在草原文化历史发展的长河中，在草原人民生存繁衍的足迹中，这种"蒙古马精神"刻骨铭心，它始终承载着民族繁衍发展的重任，世世代代鼓舞着草原人民，融入草原人民拼搏奋斗的精神之中。

蒙古人与马相伴一生，成吉思汗就是在马上得到天下的，如果没有马的脚力和背力相助，成吉思汗是不可能实现其伟大抱负的。而在古代的蒙古社会，无论童叟，日常出行都是以马代步。人们从小生长在马背上，善骑而好射。《黑鞑事略》上说："其骑射，则孩提时，绳束以板，络之马上，随母出入。三岁以索维之鞍，俾手有执，从众驰骋。四五岁，则挟小弓短尺。及其长大也，四时业田猎。"从小过着游牧的生活的蒙古人，特别适合作战，《多桑蒙古史》上记载："此种游牧之生活，颇易于从事军役。此辈之嗅觉、听觉、视觉并极锐敏，与野兽同能。全年野居，幼稚时即习骑射，在严烈气候之下习于劳苦，此盖生而作战者也。其马体小，外观虽不美，然便于驰骋，能耐劳，不畏气候不适。驯骑者意,骑者放箭时,得不持缰而驭之。此种民族惟习骑战,所以战时每人携马数匹,服革甲以防身。以弓为其主要武器,远见其敌,即发箭射之。其逃也,亦回首发矢,然务求避免白刃相接。其出兵也,常在秋季,盖在当时马力较健。结圆营于敌人附近,统将居中。"

蒙古人早期的军队组织全部是骑兵,没有步兵。"鞑靼人生长在马鞍间,人自习战。自春徂冬,旦旦逐猎,故无步卒,悉是骑军。""其军即民,年十五以上者皆有骑,而无步卒;人二三骑,或六七骑,五十骑谓之一纠。"每一个蒙古人从小就学会了马上生存、马上战斗的技能。他们平日里放牧或狩猎,一旦有紧急情况发生时,每个人都能立即跨上马背,投入到战争当中去,此时的蒙古人全部都是骑兵。有人评价蒙古人骑马射箭技术是"马走如龙,矢行似电",作战时他们像飞龙电闪。据史料记载:成吉思汗的堂祖父忽图剌汗,有一次和部落里的族人一起打猎的时候遭到朵儿边部族的袭击,袭击中"从者皆逃",忽图剌汗无法逃脱,只好策马跃入一条河,结果马匹陷入进了泥沼,眼看泥沼就要没过马的脖颈。忽图剌孤注一掷,从马背上纵身越过泥沼登上了对面的岸。朵儿边人来到泥沼边,看到他已经没有马,就没有继续追赶他,只是说:"一蒙古人失马者有何能为?"在他们看来,蒙古人一旦没有了马,就什么事都做不成了。乃蛮人恃其"国大马繁",而傲视一切。可见马匹对于蒙古人来说重要性无与伦比。

走进来看,在中国近代史上,无论是在抗日战争、解放战争还是朝鲜战争,各个战场上都有蒙古战马受伤、倒地、血染沙场。内蒙古骑兵师曾以蒙古马为依托,在解放战争中浴血奋战,为中华人民共和国的诞生立下了汗马功劳。

马背上的蒙古族,具有一种在任何恶劣的自然环境和社会环境中求得生存和发展的勇气和能力。他们横刀跃马、英勇善战,而独特的地理、人文环境更塑造出了他们执着、刚毅的民族性格。也创造出了吉祥与和谐,蕴含了积极进取、不怕困难等含义。蒙古族借用马的自强不息、锐意进取的精神气质来赞美人的精神状态。蒙古马身上所蕴含的勇猛坚毅、吃苦耐劳、勇往直前的精神实质,蕴含了蒙古族儿女远大的理想与无私的情操,成为推动民族走向强大的精神动力,对当代社会发展精神文明、建构和谐社会产生积极的影响。一个民族要承担起时代赋予的使命,只有继承民族的优秀文化传统才会进步。蒙古马昂扬锐气、勇往直前的精神特质已成为中华文明生生不息的精神动力。它作为蒙古人崇拜的精神图腾之一,代表着我们一生追守的意义及守护并实现梦想的力量。它已经从一种古老的图腾崇拜变为一种精神符号驻留在人们心中。

(二)"一往无前"是中华民族内在的精神力量

"蒙古马精神"如血液般融入民族的社会机体中,并根植于本民族悠久的历史与文化传统中,具有丰厚的历史意蕴,影响着民族文化的走向。它是蒙古族凝聚力的集中体现,是本民族发展的核心,更是民族团结、民族统一的纽带。同时,"蒙古马精神"为民族的社会历史发展提供动力,是时代精神的根基,具有重要的时代价值。

拿破仑曾说过,中国像一只沉睡的雄狮,它一旦醒来,整个世界都将为之震颤。中华民族在历史上是一个屡遭劫难的民族,天灾频繁,人祸不断。但是中华民族在艰难困苦中始终表现出惊天地、泣鬼神的精神。每当国家处于危难的关头,中华儿女总是能够摒弃前嫌,空前团结,一往无前,同仇敌忾。中华儿女从来不会在侵略者面前低头,他们有着维护民族尊严和国家独立的传统。特别是近代以来,中国虽屡遭列强欺凌,国势衰败,几近亡国灭种的边缘。但正是由于中华民族有着与自己的敌人血战到底、不怕牺牲的英雄气概,经过全民族百年不屈不挠的抗争,终于赢得了民族的解放、国家的独立,又以巨人的姿态重新屹立在世界的东方。让许多侵略者在中华儿女特别是普通百姓的拼死抵抗时,都不约而同地发出了"中华民族是不可征服的"这样的感叹。根本原因就在于无论中华民族面临怎样的危机,都没有失掉民族自信心,而是愈挫愈勇,用自己的生命捍卫民族的尊严,这是一种不可抗拒的力量。

无论是革命战争年代,还是在社会主义建设和改革开放时期,内蒙古人民仍始终坚持一往无前的时代精神,缔造了一段段传奇。改革开放40多年来,内蒙古自治区变资源、区位等优势为产业优势,工业实现腾飞,成为北疆经济发展的一块高地。特别是2002年至2009年,内蒙古自治区GDP增速连续8年摘得全国桂冠,缔造了著名的"内蒙古现象";在内蒙古大地上迅速推进的产业扶贫、金融扶贫、生态建设扶贫、教育扶贫、健康扶贫、社会保障兜底扶贫等一系列精准扶贫工程,正一步一步地改善着内蒙古人民的生活;基础设施互联互通的实现,连接"三北"的客货运通道和横贯区内的东西干线铁路通道的形成,纵横千里的沃土,四通八达的交通,内蒙古正以开放姿态迎接着五洲宾客;嘹亮的歌声、俊美的舞姿,繁荣的文化,草原文化正在以开放包容之势茁壮发展;无论是经济发展,还是政治发展、社会建设、生态建设和文化建设,今天的内蒙古蓬勃发展,焕然一新。

随着改革开放和中国特色社会主义事业不断发展,中国特色社会主义进入了新时代。新时代我们国家还面临着国内外复杂严峻的形势,承受着经济全球化下的压力,受到冲击的多边主义,震荡的国际市场,经济转型阵痛凸显的严峻挑战,新老矛盾相互交织都对我们国家提出挑战,新时代改革创新是当代中国的最强音,而一往无前更是这个时代的精神力量。我们始终相信,在中国共产党的领导下,中国人民有战胜任何艰难险阻的勇气、智慧和力量,中国的发展没有过不去的坎。

以爱国主义为核心的民族精神和以改革创新为核心的时代精神交相辉映,为伟大的"中国精神注入了崭新的时代元素"。"中国精神"的成长在于中国文化的自强和国家的和平崛起。中国文化内涵,寻的是根,铸的是魂,聚的是心。中国人善良、勇敢、团结、聪明、仁爱、坚韧不拔,中国人用坚韧、勇敢、团结、智慧、大爱向世界展示了令人震撼令人侧目的"中国精神,中国脊梁!

第二节 "蒙古马精神"是中华民族
优良道德传统的集中体现

中国是一个文明古国,在长期的历史发展过程中,形成了灿烂辉煌的中华文明,而文化历史悠久的内蒙古自治区,自古以来就是中国北方游牧民族的发祥地,也是悠久古老、博大精深的中华文化在北方的一个源头,是中华文化的重要组成部分。传统道德是中华文化的重要内容,中华民族的传统道德内容十分丰富,当然一些传统道德因为社会的发展和时代的进步显示出一定历史局限性或滞后性,而被时代所淘汰,但其文化内核是合理的,这就是我们所说的传统美德,比如:自强不息、厚德载物、求真务实、精忠报国、诚实守信、勤俭廉正,等等,这些传统美德世世代代地影响着中国人的思想和行为,经过中华儿女的代代流传,显示出强大的文化感召力,它们已经成为我们强大的精神力量,成为我们民族精神的核心,体现了我们民族的理想和追求。

一、"蒙古马精神"是中华民族优良道德传统的体现

马在中华文化中具有重要地位,中国的马文化源远流长。建设国家需要万马奔腾的气势,推动发展需要快马加鞭的劲头,开拓创新需要一马当先的勇气。马是奋斗不止、自强不息的象征,马是吃苦耐劳、勇往直前的代表。而蒙古马不仅是马背上民族的交通工具,更是草原文化的重要组成部分。从最开始的被先民们作为图腾崇拜到后来被驯养成为草原民族的挚友,可以说马伴随了整个草原民族的成长发展。据考古发现,几乎在所有北方草原地区都发现了不同时代的蒙古马化石。特殊的物种基因,严酷的生存环

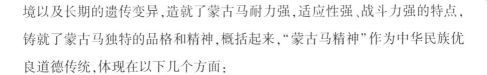

境以及长期的遗传变异,造就了蒙古马耐力强、适应性强、战斗力强的特点,铸就了蒙古马独特的品格和精神,概括起来,"蒙古马精神"作为中华民族优良道德传统,体现在以下几个方面:

(一)自强不息、勇往直前的奋斗拼搏精神

自强不息、勇往直前的奋斗拼搏精神是一种不断超越自我不断进取的品质,它体现的是一种不屈不挠、顽强奋斗的意志力。如《易传》"天行健,君子以自强不息"。自古以来,这种奋斗拼搏的精神就为社会所接受,深入中华民族儿女的心中,对历代的思想家和一般民众都产生了强烈的激励作用。而自强不息、知难而进、无所畏惧、一往无前是蒙古马的重要品格。

蒙古民族素有"马背上的民族"之称,而历史上托起蒙古民族的就是蒙古马。蒙古马与其它品种的马最大的不同就在于蒙古马具有超强的耐力,无论在多么艰苦的自然环境中,蒙古马始终不畏寒暑、不惧艰险,以坚韧不拔的毅力,穿过沙漠,越过雪原,顶住狂风日晒,艰苦跋涉,驰骋在广袤的蒙古高原上,书写了一个又一个的人间传奇。蒙古马最重要的一个特征就是耐力强,它们可以日夜前行而不需要长时间的休息,还能长时间保持同样的速度。在边疆少数民族发展史上,蒙古马背负北方游牧民族转牧场、寻水源、踏坚冰、拓疆土,只要接受了指令,它们就无所畏惧、勇往直前,蒙古马的足迹遍布北方大草原。"马蹄踏处坚城破,战刀挥舞鬼神惊",在战场上的蒙古马英勇无比,只要蒙古马一马当先便万夫难挡,任何障碍都阻挡不住它的凌厉步伐。

成吉思汗征战时期正是将蒙古马作为战马,驰骋于欧亚大陆。而由于它的超强耐力,蒙古马也常常承担诸如驿站传输等特殊任务。当时成吉思汗吸收了中原地区的制度,在蒙古国内主要道路上设置驿站,以便于官吏、使节往来和传递信息命令。早在1217年,成吉思汗西征的时候就开始建立了从蒙古草原通往中亚细亚及蒙古军所到地方的交通联系,但在当时并没有固定的名称和管理这种交通联络的制度。直到窝阔台汗时期,把这种交通联络定名为"站赤"(驿站),窝阔台说:"使臣往来,沿途百姓处经过,事也迟了,百姓也生受。如今可叫各千户们出人马,立定站赤,不是事务紧急,须要乘坐站马,不许沿途百姓处过。"窝阔台还规定了对站赤的管理制度,"每一站赤设置驿马二十匹,马夫二十名",站赤间的传递任务,主要是靠蒙古马来完成的。一旦有号令传下,驿传者便不分昼夜,飞身上马,蒙古马日夜兼程,将驿传者以飞快速度送到下一个站赤,有时遇到恶劣气候,跋山涉水,驿传者迷失了方向,只要暗示好的乘马,任马由缰,蒙古马便会不失时机地将驿传者带到目的地。

无论是在战场上,还是在日常劳作中,蒙古马都鲜明地体现了昂扬锐气、勇于进取、奔腾不息的突出特征。自强不息的精神,凝聚、增强了民族的向心力,孕育了自信、自尊、自立的民族精神。自强不息、勇往直前的奋斗拼搏精神不仅铸造了历史悠久的中华文明,更是不断激励着中华儿女向着更加辉煌的未来奋勇前进。

(二)忠于职守、鞠躬尽瘁的无私奉献精神

忠于职守指的是始终坚守在自己的岗位上,履行自己应尽的责任。蒙古人自幼就在马背上成长,马就是蒙古人的摇篮。蒙古人认为,马是世界上最完美、最善解人意的牲畜。古老的谚语中这样描述蒙古人对马的深厚感情:"蒙古人没有马,就像人没有手脚。"蒙古马虽然性烈、剽悍,但是对主人却十分忠诚,对故乡无限的眷恋,主人如果受伤、醉酒,只要把他放在马背上,马就会十分温顺地驮着主人将他送回家;在遇到危险的时候,蒙古马甚至会不惜牺牲自己去挽救主人的生命。

据文献记述,蒙古族英雄嘎达梅林义军在与敌军的战斗中,嘎达梅林被击中,在敌军就要追来的千钧一发之际,嘎达梅林的乘马咬住他的衣角将他拖到河畔密林中,使他死里逃生逃过一劫;19世纪的蒙古族作家尹湛纳希在

从外地返回家乡的途中,不慎落马昏厥,这时有两条狼扑过来,尹湛纳希的乘马为了保护主人与两条狼展开了殊死搏斗,虽然两条狼轮番进攻,但它仍然寸步不离的保护主人,最终迎来了尹湛纳希的家人,也正是因为马的不离不弃,才使他没有落入狼口。

在蒙古族著名的史诗《江格尔》中有一段这样的描述,"英雄洪古尔被毒气熏昏在敌人的宫顶上,危在旦夕。它的坐骑急中生智,抬起钢蹄不停地跺地,使大地摇晃,宫顶欲坠,将主人震醒。"著名的歌曲《蒙古马之歌》这样传唱:"护着负伤的主人,绝不让敌人靠近;望着牺牲的主人,两眼泪雨倾盆。"由此可见蒙古马的赤胆忠心,甘于奉献的精神。虽然文学创作中的马高于生活,有创作化艺术化的升华,但是马是有灵性的,其忠于主人的特性是不容置疑的,它是人类忠诚的伙伴。

作为蒙古族人民的亲密伙伴,无论条件多么艰苦,路途多么遥远,负担多么沉重,蒙古马都是默默承受、无怨无悔,并且不求回报,无私奉献。在赛马场上,它会按照主人的意愿拼死向终点奔跑,为了主人的荣誉,它会拼尽最后气力,奉献自己的一切,宁愿倒地绝命也不会半途放弃。不仅如此,蒙古马还以乳汁和鲜血为人类做奉献。马奶在相当的历史时期,都是游牧民生存的依靠。史籍记述:"饮马乳以塞饥渴,凡一牝马之乳,可饱三人。"另据记述,军队在日夜兼行或完全断粮、陷于饥饿的时候,士兵可刺穿乘马背部静脉吸取一点血,这样可挽救士兵的生命。特别是在中国革命史上,内蒙古骑兵师曾驾驭蒙古马,在解放战争中浴血奋战,为中华人民共和国诞生立下了汗马功劳。

蒙古马之所以如此忠诚,也是蒙古人视马为牧人的朋友,马以头为尊贵,因此蒙古人严禁打马头,不准辱骂马,不准两个人骑一匹马,秋天抓膘期更不准骑马狂奔让马出汗。马倌、骑手要随身携带刮马汗板、马刷子,随时为骑乘的马刷洗身子、刮除马汗,为马舒筋活血、放松肌肉、消除疲劳,同时,这也是主人与马亲近、增强感情的途径。牧马人说,"为马刮一刮,刨一刨,胜似喂精料",正是因为这样,蒙古马才和人类建立了深厚的友情,才始终忠于自己的主人,为自己的主人鞠躬尽瘁、无私奉献。而蒙古马身上所具有的忠于职守、无私奉献的精神也是中华民族优秀的传统道德,是历代中华民族儿女广为传颂的精神品质。

(三)开放包容、开拓进取的团结奋进精神

蒙古马身上具有一种开放包容的精神,它们具有很强的群体生活意识,即使分离多年仍然能够准确识别自己的直系亲属,这主要源于蒙古马的生存环境恶劣,要想生存和发展,就必须依赖于群体生活。从社会学的角度来讲,群体生活依赖于拥有一个相对稳定和持久的结构,并且成员有着共同目标,群体中的成员对群体有认同感和归属感,有共同的价值观,为了更好地达到目标,成员之间需要沟通与交流,基于此,培育了蒙古马的开放包容的品格。

为了维护群体生活,蒙古马群体内都有明确分工。例如,儿马(公马)任何时候都不离开群体,防止外来势力的侵扰。当然,蒙古马并非一味地"寄养"在群体中,而是独立自主意识非常强,据牧民讲述,蒙古马半岁时就要独自外出啃食,待到交配年龄,母马就必须离开群体独自选择交配对象,重新建立种群,从而开辟新的生活,这也造就了蒙古马开拓进取的坚韧品行。针对蒙古马的这个特征,旧时的蒙古族对马群进行了分类,分群管理马群,其中一部分是骟马群,一部分是由种马和母马组成的普通马群。13世纪的历史文献《黑鞑事略》记载:"扇马骒马各自为群队也。马多是四五百匹为群队,只两个兀剌赤管(牧马人,作者加)"。而在普通马群的管理方面,蒙古族则充分利用了种马护群的特点。对此《黑鞑事略》中有生动的描绘:"每移剌马(种马,作者加)一疋,管骒群五六十疋。骒马出群,移剌马必咬踢之使归,或他群移剌马製越而来,此群移剌马必咬踢之使去,挚而有别,尤为可观。"正因如此,蒙古族可以用少数人力管理较大规模的马群。

蒙古马身上还具有一种"精忠团结"的精神。蒙古马的团队精神非常强,善于协调配合;组织纪律性强、能听从指挥;奉献意识强,不居功自傲。蒙古马身上的开放包容、开拓进取的团结奋进精神是中华民族优秀的传统美德之一。清末政治家林则徐曾说"海纳百川,有容乃大;壁立千仞,无欲则刚",这种海纳百川的胸怀和壁立千仞的刚直,正是中华民族代代传承的道德精神。

对于开放包容而言,自古以来中华民族儿女就一直有着开放包容的胸怀,不论是自身发展还是民族发展、国家发展,他们都会以大局意识和战略思维兼收并蓄,博采众长。而开放包容也是丝绸之路的一个显著特征,古丝绸之路跨越埃及文明、巴比伦文明、印度文明、中华文明的发祥地,跨越不同国度和肤色人民的聚居地。不同文明求同存异、开放包容,共同绘就了人类文明繁荣的壮丽篇章。党的十九大报告中,习近平总书记将开放包容的"中国精神"融入构建人类命运共同体的伟大进程,呼吁世界各国遵循开放包容的精神创造人类美好未来,这更是将开放包容的精神传递到了全世界。

对于开拓进取而言,中华民族是一个开拓进取的民族,作为一种基本精神,从"帝王将相宁有种乎"到近代中华儿女奋力抗争建立中华人民共和国再到改革开放努力实现中华民族伟大复兴的中国梦,社会因之而发展,历史因之而前进,它是中华民族一直秉持的重要精神力量,是党和人民克服一个又一个的困难,取得举世瞩目伟大成就的重要保障。

对于团结奋进精神而言,忠于国家的团队精神是包括蒙古族在内的华夏民族几千年不灭的核心支撑。内蒙古有着非常光荣的革命传统,无论是当年各族人民与沙俄生死较量,还是与日寇血战到底,内蒙古人民都将这种革命精神发挥到极致,而在中国共产党的领导下,内蒙古自治区更是先于中华人民共和国而成立。内蒙古对祖国和人民有着一种大爱,在困难时期各族人民抚养上海三千孤儿,草原英雄小姐妹保护集体财产等都表现了这种大爱精神。而改革开放以来,内蒙古取得巨大成就,不仅成为国家重要的塞北粮仓、生态屏障，更是成为国家的重要能源基地和工业基地。所有的这一切都来源于内蒙古两千四百万人民的自强不息，源于他们的团结一致精神。

新时代，开放包容、开拓进取的团结奋进精神仍然是每一个中华民族儿女内心深处最眷恋的内容和最敬的力量。

（四）尊崇自然，敬畏生命的热爱和平精神

"蒙古马精神"实质上体现的是一种人与自然和谐相处的崇高境界，几千年来，蒙古马和蒙古族相伴生，蒙古族作为"马背上的民族"，传统时期生产中的游牧转场离不开蒙古马，生活中的娱乐休闲更是依赖于马，各种与马相关的技艺活动丰富多彩，比如赛马、马术，那达慕、敖包祭祀、群众娱乐、婚嫁喜庆等都离不开马，人们还用它的形象做成的马头琴，正所谓"无马不成戏，无马不成体"。

蒙古族人民将自己的精神寄托于马，他们把自己最亲爱的人比喻为马是最普遍的现象，常常称自己的孩子为"我的小马驹"。当年成吉思汗把他自幼在患难中结交的朋友，后来成为最忠诚于他和他的事业的四位得力助手、大臣称作"四骏"，同样也是源于这种思想。

在日常生活中，人们常常把生死，兴衰等现象用马来比喻，比如一个人的属相是马，就被认为是"有运的"；一件事情做得好，就被称为"马缰拉顺了方向"，相反，做错了自然就成为"马蹄踏错了方向"，如若倒霉了则是"衰攸之马跑了起来"；当两个人结义盟婚时说"最不是接踵而生的兄弟，愿作马缀相连的伴当"。因为爱马，千百年来形成了一种装饰马的传统，比如马具文化、马鞍文化……他们喜欢把自己的坐骑打扮得漂漂亮亮的，甚至有的时候十分华丽，比如在内蒙古出土的"龙凤纹镂雕金马鞍""卧鹿缠枝牡丹金马鞍"，等等。

蒙古族人民特别重视马，一般不吃马肉，偶尔杀马也是宗教仪式性的。例如《黑鞑事略》记载："牧而庖者，以羊为常，牛次之，非大燕会不刑马。"对

于多产母马，蒙古族将其看作是功臣，不许宰杀，并且在它的身上挂彩带，以示荣誉。死后像对人一样进行土葬，以此来表示纪念；而对于久活的种公马更是关爱有加，不许与亲生母马相配，尊称为"义马"；对立下战功的马，或为了求得"长生天"的保佑，而许愿将坐骑撒群放牧，从此不再乘骑的马，经过举行一定的仪式后，便成为"祀奉马"，敬之若神。在祭祀、饮宴之言时，常用套马杆、马奶酒表达一种圣洁的感情。

在许多礼仪、风俗中，也都与马有关，甚至一些礼仪都以马为首，例如女儿出嫁那天，男方要送女家一匹三岁的枣红马，备好鞍鞯辔头，马头系上彩绫或红布，交付女家。由新郎的表弟交给新娘表弟，新娘表弟接缰后骑上马绕蒙古包和襟转三圈，然后直奔新娘家。在交马时，必须有专人朗诵赞马词。

赞马词，是蒙古族马文化的集中体现，也是蒙古族热爱马的真挚感情的充分表达。"它全身聚集了八宝的形状，蕴藏着震撼宇宙的力量，这神奇的骏马啊，真是举世无双！"其淋漓尽致地表达了蒙古族人民爱马的真挚感情。蒙古马作为草原文化的重要符号，以马为主题的文学作品也层出不穷，比如《蒙古马》《神奇的蒙古马》，等等。这些都源自于人们对于自然、对于生命的敬畏。

中国传统道德具有既强调人的主体地位，又注重人必须不断认识自然规律、尊崇自然，敬畏生命，遵循社会发展规律，最终实现人与自然的完美融合的传承特点。人马同生现象是蒙古族马文化中特有的现象，在人和马之间，人固然是主导的一方，是马的主人，但他无法离开马而独自行动，所以往往英雄在出征的时候总是先选择自己的马，而马似乎是始终为人所服务的，属于从属地位，但是在英雄跨马出征的时候，更多时候它是主动的，人离不开马，马也离不开人，二者配合默契，和谐相处。

蒙古马被视作是和平的使者，正是因为有马，包括马可·波罗在内的先贤才能穿越漫长的"草原丝绸之路"，实现了交流交往和包容合作。人马之间已经结成了强大的生命共同体,蒙古国总统和哈萨克斯坦总统都把马作为国礼赠送给习近平总书记,可以看到,马作为和平使者的形象正在得到不断强化,因此,"蒙古马精神"可以成为我们崇尚和平、热爱和平、践行和平的形象标识。

中华民族以热爱和平著称于世,以平等友好为人称道,几千年来,培育了爱好和平的民族精神。我们都知道中华民族经历了鸦片战争、抗日战争等抵御侵略的岁月,所以,中华民族的儿女们更加珍惜来之不易的和平环境。近年来,无论是在国际交往中提倡和平共处,还是在全社会形成以和为贵、平等友爱、相互帮助、共同前进的社会氛围,都表达出热爱和平的精神。尊崇自然,敬畏生命的热爱和平精神已然成为中国传统道德中的重要部分。

古驿道上信使的骑乘,古商道上商客的运乘,战场上制胜的雄风,蒙古马在生产、生活、交通、战争、艺术等方面都为人类做出过重要贡献。"蒙古马精神"包含着草原民族最根本的精神基因、积淀着草原民族最深层的精神追求。蒙古马自强不息、勇往直前的奋斗拼搏精神、忠于职守、鞠躬尽瘁的无私奉献精神、开放包容、开拓进取的团结奋进精神、尊崇自然,敬畏生命的热爱和平精神,都蕴含着中华民族儿女的远大理想与无私的情操,是推动民族走向强大的精神动力,对于传承中华民族优秀传统道德,发展当代社会发展精神文明、建构和谐社会产生有益的影响。一个民族要想承担起时代赋予的使命,就必须继承民族的优秀文化传统,这样才能进步。因此,培育"蒙古马精神"要从草原文化中充分汲取思想道德营养,并且要结合时代要求加以延伸阐发,使草原民族最基本的文化基因与当代文化相适应、与现代社会相协调。

二、"蒙古马精神"与中华民族优良道德传统的内在关联

"蒙古马精神"和中华民族优良道德传统的内在关联,可以用中华民

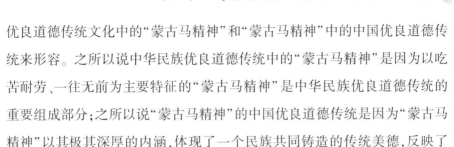

优良道德传统文化中的"蒙古马精神"和"蒙古马精神"中的中国优良道德传统来形容。之所以说中华民族优良道德传统中的"蒙古马精神"是因为以吃苦耐劳、一往无前为主要特征的"蒙古马精神"是中华民族优良道德传统的重要组成部分;之所以说"蒙古马精神"的中国优良道德传统是因为"蒙古马精神"以其极其深厚的内涵,体现了一个民族共同铸造的传统美德,反映了一个民族昂扬向上的精神追求与民族性格。

(一)"蒙古马精神"植根于中华民族优良道德传统

中华民族的优良道德传统的定义一般有两种,一种指以古代儒家伦理道德为主要内容并包括墨家、道家、法家等传统道德思想的精华。在2000多年的历史过程中,儒、墨、道、法各家伦理思想及佛学中的心性之说,相互影响,相互吸收,从而形成了中华民族特有的伦理传统。另一种是指中国五千年历史流传下来,具有影响,可以继承,并得到不断创新发展,有益于下代的优秀道德遗产。但这二者概括起来就是:中华民族优秀的道德品质、优良的民族精神、崇高的民族气节、高尚的民族情感以及良好的民族习惯。中华民族优良道德传统标志着中华民族的"形"与"魂"。也是中国人民几千年来处理人与人的关系、人与社会关系和人与自然关系的实践的结晶。而中华民族五千年的优良道德传统,是由56个民族的优良道德传统融汇而成的。各民族优良道德传统是中华民族优良道德传统文化的瑰宝,中华民族优良道德传统文化是各民族优良道德传统的骄傲,离开了中华民族优良道德传统这个怀抱,任何一个民族的传统道德都会成为无源之水、无本之木。"蒙古马精神"深受我国北方游牧文化、中原文化以及佛教等影响,从一开始就体现了中华文化"多元一体"的本质特征,可以说中华民族优良传统思想文化是"蒙古马精神"的深厚土壤。

中华民族自古崇尚"富贵不能淫,贫贱不能移,威武不能屈""杀身以成仁"的民族气节,其表现的是一种强烈的爱国主义思想,爱国主义作为民族精神,更是中华民族传统道德的核心。《管子·牧民》中说:"以家为家,以乡为乡,以国为国,以天下为天下。";《左传·昭公元年》中强调:"临患不忘国,忠也。";范仲淹主张"居庙堂之高,则忧其民;处江湖之远,则忧其君"。"先天下之忧而忧,后天下之乐而乐";《礼记·儒行》中说:"苟利国家,不求富贵……这其中都蕴含了浓浓的爱国之情,而也正因为这一中华民族优良道德传统,才为"蒙古马精神"的形成打下了深厚的基础。无论是蒙古马还是蒙古族人民,它们身上都具有强烈的爱国主义色彩。在历史上,中国屡遭外敌入侵,国破则家亡,在这种环境下人们的爱国之情强烈地表现出来,并升华成为国献身的情操和精神,无数蒙古族儿女参加到保卫国家的队伍中来,在战场上他们奋勇搏斗,拼死护国,而这其中蒙古马的功劳不可忽视,正是这样的爱国主义精神成为推动中华民族不断前进的巨大力量。

在中国传统伦理结构中,为国利民,"兴天下人民之大利"是道德的最高表现,是最大的"义"。其强调的是"整体至上""先义后利""克己奉公"的社会责任感和使命感,强调要建立一种和谐协调的人伦关系。其中"义"主要指的是民族利益和国家利益,"利"指的是个人利益。也就是说社会利益远远高于个人利益,强调个体对整体的道德义务。这是一种植根于社会文化的群体精神,进而扩展到整个民族和国家的集体主义精神。这也是无数思想家、政治家和文学家们一直追求的人生的境界。孔子曰:"有杀身以成仁,无求生以害仁""人而不仁,如礼何?人而不仁,如乐何?""不义而富且贵,与我如浮云";孟子曰:"生,我所欲也;义,我所欲也。两者不可得兼,舍生而取义也"。这些观点、主张都坚持从国家利益和整体利益至上的原则出发,在个人对他人、对社会、对群体的关系上,要始终坚持"义以为上""先义后利"。而蒙古马身上具有的忠于职守、鞠躬尽瘁的无私奉献精神,蒙古族人民身上具有的"义以为上""克己奉公"的精神与此具有千丝万缕的联系。

中华传统文化数千年的流变,化育而成了中国人"自强不息""厚德载物"的人格精神。《易经·易大传》中提出"刚健而不陷,其义不困穷矣""天行健,君子以自强不息","刚健"主要表现了人的主动性,能动性以及刚强不屈的性格,奋发图强的斗争精神,所谓"天行健,君子以自强不息""老骥伏枥,志在千里;烈士暮年,壮心不已"。这种"刚健自强"的思想,历来被历代思想家所崇尚,成为人们激励斗志、克服困难的精神支柱。而"厚德载物"则是中华传统道德伦理所孕育的人文情怀,也是人们实现刚健自强的现实途径。《易经·象传》中指出"地势坤,君子以厚德载物",《国语·晋语六》:"吾闻之,唯厚德者能受多福,无福而服者众,必自伤也。"厚德载物,雅量容人。就是说君子应当像大地那样以博大的胸怀,孕育、承载与容纳万物,正所谓"宽则得众"。"自强不息""厚德载物"这两方面结合起来就是中华民族所崇尚的道德品质,是中华民族的高尚精神。蒙古马身上具有的自强不息、勇往直前的奋斗拼搏精神以及开放包容、开拓进取的团结奋进精神正是中华民族道德传统"自强不息""厚德载物"的真实表现。

中华民族自古以来就有崇敬生命,热爱自然,保护环境的传统美德,强调"天人合一"。老子说:"人法地,地法天,天法道,道法自然。"《庄子·齐物论》说"天地与我并生,万物与我为一","有人,天也;有天,亦天也。"他们认为天人本是合一的。但由于人制定了各种典章制度、道德规范,反倒使人丧失了原来的自然本性,变得与自然不协调。人类应当打碎这些加于人身的藩篱,将人性解放出来,重新复归于自然,达到一种"万物与我为一"的精神境界。至于人类是否应当打碎加于人身的藩篱在此我们不做评价,但是由此反映出的是其对于自然的崇尚。中国人的人生追求,首先体现为一种"崇生"的价值观,即注重生命本身的价值,尊重生命,敬畏生命。其次体现为"贵物","贵物"就是指爱物,惜物,爱护环境,保护自然界和维护生态平衡。《诗经》说"敦彼行苇,牛羊勿践踏";《管子》则主张对自然资源的利用应当"以时禁发",不可违时滥用,以免破坏自然界的运行规律,保护自然生命的持续发展能力。蒙古族人民和蒙古马有着人马同生的传统,从它们身上我们可以明显地感受到这种"崇生贵物"的精神。

乐群贵和既是我们中华民族的心理定式,也是中华民族为人处世的道德。所谓"乐群",就是指在人际交往中要乐于合群。人作为群体中的一分子,具有维护群体生存和发展的需要,因此必须具有道德理性,因而倡导"群居和一"。与他人建立友好和谐的关系,在群体中寻找到自己的位置、从而真正实现自己的价值。"贵和",就是主张人们在社会生活和人际交往中以"和为贵",以"和"为最高价值,做到"和乐如一",和谐相处,即保持群体中良好、和谐的人际关系。根据乐群贵和的道德价值取向,儒家强调处理好各种人际关系,要讲协调、讲和睦、讲团结。"亲仁善邻,国之宝也",中华民族崇尚仁爱、乐群贵和、爱好和平、追求和谐的传统美德,"和"则万事成,民间所谓的和气生财、家和万事兴、众志成城等思想和言论,都体现了我们祖先乐群贵和的传统美德。"蒙古马精神"中的热爱和平的精神正是源于中华民族道德传统中的"乐群贵和"精神。

(二)"蒙古马精神"丰富了中华民族优良道德传统

"蒙古马精神"是中华民族优良传统的重要组成部分,它是民族凝聚力的集中体现,是民族发展的核心,更是民族团结、民族统一的纽带。同时,"蒙古马精神"的形成,是文化沉淀,也是文化创新的过程,"蒙古马精神"为时代精神提供发展动力,是时代精神的根基,并且随着时代的发展而不断具有新的内涵,从而进一步丰富和发展了中华民族优良传统,具有非常重要的时代价值。2014年,习近平总书记在考察内蒙古的时候指出要大力发扬"蒙古马精神",强调要进一步挖掘"蒙古马精神"的时代内涵。

内蒙古各族人民充分发扬了蒙古马身上的自强不息精神,不断创造着奇迹,丰富了中华民族优良传统道德。以草原上的红色文艺轻骑兵——乌兰牧骑为例,自1957年6月17日,第一支乌兰牧骑在群众文化工作比较活跃的锡林郭勒盟苏尼特右旗宣告成立以来,一代代队员迎风雪、冒寒暑,长期在戈壁、草原上辗转跋涉,以天为幕布,以地为舞台,无论是定居点还是放牧点,即便只有一个观众,他们照样演出。60多年来,乌兰牧骑以只要接受任务就奔腾不息、勇往直前、不完成任务誓不罢休,驰骋在内蒙古广袤的草原上,为内蒙古自治区这道祖国北疆的文化建设风景线添砖加瓦,他们以乌兰牧骑独有的热情在草原上深深扎根。他们始终坚持不懈地全心全意为农牧民服务,为广大农牧民送去了欢乐和文明,传递了党的声音和关怀。他们为了满足不同文艺需求出发,锐意改革,坚持一专多能、两条腿走路,艰苦奋斗,走出一条贫困地区专业民族艺术团体的成功之路。乌兰牧骑的创建和发展,汇聚了几代乌兰牧骑人的奉献和努力,凝聚着党和人民的深情厚爱。2017年11月21日,习近平总书记回信勉励乌兰牧骑队员,永远做草原上的"红色文艺轻骑兵"。

内蒙古各族人民充分发扬了蒙古马身上的团结奋进精神,各民族不断融入,丰富了中华民族传统美德。内蒙古自治区高举团结进步旗帜,手足相亲、相互包容、团结和睦和守望相助的理念已经融入各民族人民的血脉中。各族群众自觉把个人命运同国家、自治区的改革发展稳定紧紧联系在一起,使他们凝心聚力共同奋斗。我们可以看到集蒙古族、鄂温克族、鄂伦春族等少数民族传统服饰元素的现代民族服饰成为当今年轻人的时尚;千百年流传在蒙古高原上的各民族民谣借助现代音乐表现形式,唱响世界;借鉴汉族评书形式,用蒙古语说唱历史故事,形成乌力格尔;蒙古族的传统食材与汉族的烹饪方式更是碰撞出新式蒙餐,成为内蒙古人招待外地宾朋的首选……一花独放不是春,百花齐放春满园。各族人民坚持建设共有的精神家园。民族团结了,地区发展就有了压舱石。

内蒙古各族人民充分发扬了蒙古马身上的吃苦耐劳的精神,凝心聚力建设自己的家园,丰富了中华民族传统美德。内蒙古地区集民族地区、革命老区、偏远地区、生态脆弱区等于一体,全区有一半以上的旗县都戴着贫困的帽子,有8个国家集中连片特困片区县,贫困发生率高,贫困程度深,致贫原因复杂,是典型的"贫中之贫、坚中之坚"。面对这样沉重的贫困人口压力，复杂的环境，内蒙古党委、政府直视现状，始终把保障和改善民生、减少贫困人口作为全部工作的出发点和落脚点，不断缩小贫富差距，激发贫困地区的致富活力。"全面建成小康社会，少数民族一个都不能少，一个都不能掉队"这是自治区党委对各族人民的庄严承诺。"天下顺治在民富，天下和静在民乐"，全区范围内开展的有计划、有组织、大规模的扶贫开发，特别是党的十八大以来，全区上下打响的前所未有的脱贫攻坚战，使各族草原儿女离"一道迈入小康社会"的梦想越来越近。

内蒙古各族人民充分发扬了蒙古马身上的热爱自然精神，尊崇生命，保护环境，丰富了中华民族的传统美德。无边的大草原，茫茫的戈壁滩，巍巍的兴安岭，奔驰的骏马……内蒙古美丽的自然风光令无数人神往，而拥有最湛蓝的天、最清爽的空气、最明澈的水、最灿烂的阳光，还有扬在脸上最幸福的笑容，这是草原儿女深深期待的美好生活。草原是大自然对于人类的馈赠，它不仅是天然牧场，更是阻止沙漠蔓延的绿色屏障。而绿色更是内蒙古的底色和价值，生态建设是内蒙古的责任和潜力。在 20 世纪末，受干旱少雨、鼠虫等自然灾害影响，加上超载放牧、乱开滥采等人为破坏，绿草如海、畜群如云、毡包如扣、河曲流银的草原美景一度受到严重威胁。进入 21 世纪后，内蒙古加快实施重大生态修复和建设工程，不断加强环境突出问题整治，使漫漫黄沙"变身"林海草原，将草原林海、沙漠雪原、湖泊湿地变为聚宝盆，努力"把祖国北部边疆这道风景线打造得更加亮丽"。

内蒙古各族人民充分发扬了开放包容，互利互惠的传统美德。"一带一路"倡议把中国机遇转化为世界机遇，促进中国与世界共同发展。毗邻俄罗斯、蒙古的内蒙古以此为契机，努力搭建开放平台，彰显了沿边开放的魅力。在 4200 多公里边境线上，一个个现代化的沿边开放口岸，点缀着祖国北疆，敞开了向北开放的大门。内蒙古更是利用毗邻八省区，横跨东北、华北和西北，靠近京津冀、东北等中心市场和出海口，是华北连接西北的经济通道的优势，形成了北上南下、东进西出、内外联动、八面来风的全方位开放格局。

多年来,内蒙古自治区更是努力推动教育、医疗、科技等领域的对外交流合作,增进了解,深化友谊。纵横千里的沃土,四通八达的交通,内蒙古正在以开放姿态迎五洲宾客,以更大视野广交朋友,实现经济、社会等层面的互利共赢。像雄鹰仰望蓝天,像江河向往大海一样,草原儿女正跳出内蒙古,登高望远,放眼世界,积极融入国家乃至全球发展的开放大格局当中。

在广袤的内蒙古草原上,曾有一个又一个少数民族打马走过,留下了璀璨的文化印迹,共同缔造出了灿烂的草原文化,铸造了优良的传统美德,反映了一个民族昂扬向上的精神追求与民族性格。草原上马儿吃苦耐劳,一往无前,草原上的人们淳朴敦厚、真诚豪放;草原上的马儿忠于职守,无私奉献,草原上的人们先义后利,克己奉公;草原上的马儿开放包容,团结奋进;草原上的人们更是海纳百川,乐群和贵。"蒙古马精神"作为草原文化的优秀传统,作为中华民族优良传统道德,它所表现的吃苦耐劳、一往无前的精神,正是对草原文化优秀传统的升华,是我们为草原民族精神增添的新因子。在大力弘扬"蒙古马精神"的同时更要深入挖掘和阐发"蒙古马精神"的内涵,着力培育这一精神。这是因中华民族优良传统道德民族传统文化的积淀和精髓,但它不是一成不变的,它随着实践的发展而不断丰富。因此,我们必须要注意结合时代和社会发展的需要,为中华民族精神增添新因子、增添新活力。

2015 年 9 月,国家主席习近平在纽约联合国总部出席第七十届联合国大会一般性辩论时发表的重要讲话指出:"当今世界,各国相互依存、休戚与共。我们要继承和弘扬联合国宪章的宗旨和原则,构建以合作共赢为核心的新型国际关系,打造人类命运共同体。"人类命运共同体的提出是对中华优秀传统文化的创新性发展,为人类社会和全世界的和平发展提供了中国智慧和中国方案,"蒙古马精神"作为中华民族的宝贵精神财富,蕴含并丰富了"中国精神"的谱系,在推进构建人类命运共同体的过程中具有重要的精神纽带作用。因而,要发挥"蒙古马精神"的开放合作、包容共享的精神内

涵,推进"一带一路"战略、"草原丝绸之路"经济带的建设,扩大向北开放融入"一带一路"建设,让"蒙古马精神"以更为自信的姿态走向世界,推动我国与世界各国的友好交往,助力构建人类命运共同体。

第三节　"蒙古马精神"是培育社会主义核心价值观的具体体现

习近平总书记明确提出"蒙古马精神",这既是对草原人民的精神肯定,也是对全国的爱马人的精神鼓励。"蒙古马精神"是"中国精神"的重要组成部分,而中国精神作为民族精神和时代精神的有机统一,是社会主义意识形态的重要组成部分。社会主义意识形态包含来了许多内容,比如社会主义核心价值观、中国梦、中国特色社会主义共同理想、民族精神、时代精神、国家精神,等等。那么如何正确认识这几者之间的关系呢?一方面我们应当看到,这些不同的社会主义意识形态要素内在统一于中国特色社会主义改革发展的精神凝聚这一目标。而另一方面,不同的社会主义意识形态要素又具有不同的文化侧重和关注焦点。因此,我们在对"中国精神"进行研究的时候,要进一步研究"中国精神"和同属于社会主义意识形态领域的其他要素之间的相互关系,厘清"中国精神"的外延。

一、"蒙古马精神"与社会主义核心价值观和"中国梦"的内在逻辑

马是文明交流与传播的开拓者,是中国人民宝贵的精神财富,"蒙古马精神"是新时代社会主义核心价值观的体现,也是"中国梦"的承载者,是实现各族人民团结奋斗的坚定信念。

（一）"蒙古马精神"是新时代社会主义核心价值观的体现

所谓价值观是"人民的社会信念、人生信仰、政治理想、道德追求、生活原则等,是人们的价值信念、价值标准和价值理想的综合体系,是人们利益、需要、心理和行为的内心定向系统"。党的十八大提出:倡导富强、民主、文明、和谐,倡导自由、平等、公正、法治,倡导爱国、敬业、诚信、友善,积极培育和践行社会主义核心价值观。富强、民主、文明、和谐是国家层面的价值目标,自由、平等、公正、法治是社会层面的价值取向,爱国、敬业、诚信、友善是公民个人层面的价值准则,这24个字构成社会主义核心价值观的基本内容。

内蒙古自治区是草原文化的主要发祥地和承载地,"蒙古马精神"是草原文化中的重要组成部分。在中华民族多元一体说中,黄河文化、长江文化一直是被公认的中华文化的两大源头,但是随着草原文化研究的不断深入,得出的一个令人瞩目的结果是草原文化和长江文化、黄河文化一样是中华文化的主源之一,大量的参考资料和研究都在表明:中国北方草原正是"中华文明曙光升起的地方"内蒙古自治区文化历史十分悠久,历史上先后有十多个少数民族在这里繁衍生息,阿拉善、鄂尔多斯、乌兰察布、苏尼特、察哈尔、乌珠穆沁、乌兰特、巴林、科尔沁、呼伦贝尔等十多个大小不等的草原上,上演着一幕一幕传奇史,缔造出了自强不息、开拓进取、吃苦耐劳、豪迈刚健、兼收并蓄、注重诚信的草原文化。

草原文化是蒙古族生生不息、勇往直前的精神动力,也是中华优秀传统文化的重要组成部分。而"蒙古马精神"植根于草原文化,是草原民族吃苦耐劳、一往无前精神的形象表达。"蒙古马精神"作为中国马文化的重要组成部分,与龙马精神一脉相承,是以社会主义核心价值体系为精髓的社会主义先进文化的具体体现。它与社会主义核心价值观倡导的"爱国、敬业、诚信、友善",与全民族奋发向上、团结和睦的精神是一致的,与社会主义核心价值体系中包含的民族精神和时代精神是一致的。爱国同社会主义核心价值体系紧密结合在一起，其要求人们以振兴中华为己任，要有整体意识、大局意识，促进民族团结、维护祖国统一、自觉报效祖国。敬业则是对公民职业行为准则的价值评价，其要求公民忠于职守，克己奉公，服务人民，服务社会，充分体现了社会主义职业精神。诚信即诚实守信，这是人类社会千百年传承下来的道德传统，也是社会主义道德建设的重点内容，它强调诚实劳动、信守承诺、诚恳待人。友善则强调公民之间应互相尊重、互相关心、互相帮助，和睦友好，努力形成社会主义的新型人际关系。

社会主义核心价值观就是要弘扬共同理想、凝聚精神力量、建设道德风尚，形成全民族奋发向上、团结和睦的精神纽带，使我们的国家、民族、人民在思想和精神上强起来，更好地坚持中国道路、弘扬中国精神、凝聚中国力量。而"蒙古马精神"正与社会主义核心价值观的个人价值层面的价值准则相契合、相一致。所以说，"蒙古马精神"是新时代社会主义核心价值观的体现。

（二）"蒙古马精神"是中华民族伟大复兴中国梦的承载者

"中国梦"，是中国共产党第十八次全国代表大会召开以来习近平总书记提出的重要指导思想和重要执政理念。习近平总书记把"中国梦"定义为"实现中华民族伟大复兴，就是中华民族近代以来最伟大梦想"，并且表示这个梦"一定能实现"。"中国梦"的核心目标也可以概括为"两个一百年"，即到中国共产党成立100年时全面建成小康社会的目标一定能实现，到新中国成立100年时建成富强民主文明和谐的社会主义现代化国家的目标一定能实现，中华民族伟大复兴的梦想一定能实现。具体表现为国家富强、民族振兴、人民幸福，而"中国梦"的实现途径中最重要的一点是弘扬民族精神、凝聚中国力量。"蒙古马精神"对于中华民族伟大复兴"中国梦"的承载者地位，集中表现在两个方面，一方面，包含"蒙古马精神"的"中国精神"是实现"中国梦"的内在动力，另一方面，"蒙古马精神"丰富了各族人民实现"中国梦"的具体精神内涵。"一个没有精神的人,犹如行尸走肉,是个没有希望的人;一个没有精神的民族,是个软弱的民族,任人宰割的民族,一个没有希望的民族。"

具体而言,之所以说包含"蒙古马精神"的"中国精神"是实现"中国梦"的内在动力,是因为精神是人的动力,一个人一旦没有了"精神信仰",那就如同行尸走肉,正如汉代王符在《潜夫论·卜列》中所说:"夫人之所以为人者,非以此八尺之身也,乃以其有精神也。""中国梦是历史的、现实的、也是未来的;是国家的、民族的,更是每一个中国人的;是我们的,更是青年一代的。"人有了精神,才会有干劲儿,梦想才能实现。"实现中华民族伟大复兴,就是中华民族近代以来最伟大的梦想。这个梦想,凝聚了几代中国人的夙愿,体现了中华民族和中国人民的整体利益,是每一个中华儿女共同的期盼。"

之所以说"蒙古马精神"丰富了各族人民实现"中国梦"的具体精神内涵,是因为在当今这样一个政治多极化、经济全球化、文化多元化、社会信息化、信息网络化的国际大背景下,各种纷繁复杂的文化和价值观多元交织,不同社会信仰相互交流、交融、交锋,我们特别容易迷失自己,丢掉自己的精神信仰,导致不知道自己该何去何从。这时候我们特别需要一个能振奋人心的、一个能让每一个中国人打心眼里都认同的、能把整个中国凝聚起来的精神信仰作为引领,而"中国梦"正是我们所需要的那一个精神引领。实现中华民族伟大复兴,这不仅是我们祖辈的愿望,也是我们当今所有中国人的愿望,更是我们子孙后代的愿望,实现我们中华民族自己的愿望,就是我们民族自己的信仰。以吃苦耐劳、一往无前为核心的"蒙古马精神",理应在全国各族人民团结奋斗,努力实现中华民族伟大复兴的中国梦的进程中,在全国范围内进行弘扬和发展,这样的精神更应该作为实现中华民族伟大复兴中国梦的集体精神内涵,在各族人民平等、团结和共同繁荣的进程中发扬光大。"蒙古马精神"已经作为"中国精神"的一部分,作为"中国梦"的承载

者,正在为内蒙古 2500 万各族人民提供实现"中国梦"的强大精神动力。

(三)"蒙古马精神"是实现各族人民团结奋斗的坚定信念

开拓进取的团结奋进精神是"蒙古马精神"的重要组成部分。邓小平同志曾经指出:"最重要的是人的团结,要团结就要有共同的理想和坚定的信念。我们过去几十年艰苦奋斗,就是靠用坚定的信念把人民团结起来,为人民自己的利益而奋斗。没有这样的信念,就没有凝聚力。没有这样的信念,就没有一切。"

中国共产党人的最高理想是实现共产主义,在不同的历史阶段又有代表那个阶段最广大人民利益的奋斗纲领,我国现阶段各民族人民的共同理想是建设中国特色社会主义,把我国建设成为富强、民主、文明、和谐、美丽的社会主义现代化强国。这一理想体现了个人利益、集体利益和国家利益的统一,集中了我国工人、农民、知识分子和其他劳动者、爱国者的利益和愿望,是现阶段全国人民的奋斗目标和精神动力。而要实现这一共同理想,一切有利于解放和发展社会主义社会生产力的思想道德,一切有利于国家统一、民族团结、社会进步的思想道德,一切有利于追求真善美、抵制假恶丑、弘扬正气的思想道德,一切有利于履行公民权利与义务、用诚实劳动争取美好生活的思想道德,都应当鼓励和支持,这才能团结一切可以团结的力量,动员最广大的人民群众,万众一心,实现建设中国特色社会主义的宏伟目标。而具有吃苦耐劳、一往无前、团结奋进、开放包容等内涵的"蒙古马精神"可以团结和调动广大人民,是实现各族人民团结奋斗的坚定信念。

二、弘扬"蒙古马精神"对培育社会主义核心价值观的重要意义

"蒙古马精神"是对中国马文化的高度凝练,也是一种文化自觉和文化

自信的表现。全社会大力弘扬"蒙古马精神",一方面是为了传承与弘扬中华的马文化,从而唤起国人对马文化的热爱与重视,增强民族自信心和自豪感,凝聚全民族的智慧和力量,另一方面也将激发全社会的吃苦耐劳、勇往直前的精神状态,抓住发展机遇,积极应对各种挑战,不断开创中国特色社会主义事业的新局面。

(一)弘扬和培育"蒙古马精神"的必要性

当前少数民族文化发展面临着新的挑战。民族文化是维系一个民族的精神纽带,而核心价值观是民族文化的核心。"要讲一个民族的软实力、文化力,从根本上取决于核心价值观的生命力、凝聚力。历史和现实反复证明,如果没有这个最核心的东西,一种文化就立不起来,强不起来,一个民族就没有赖以维系的精神纽带。"民族地区的经济社会发展始终离不开民族文化这个精神纽带的助力。

少数民族地区的文化发展面临的新挑战表现为:一方面,少数民族一般地处边境,是境外文化渗透的前沿阵地,少数民族文化多元化,向来是各种思潮交融、碰撞的敏感地区。

另一方面,我国处于中国特色社会主义发展的新时代,新时代中国特色社会主义阶段仍然存在经济发展不充分不平衡的问题,这些基本矛盾不解决很容易造成各少数民族对国家主流文化认同不一,社会心理、价值观念呈现动态多变态势,易遭受外来文化的冲击。面对这样的现实问题,必须加强主流社会主义意识形态的指引,加强社会主义核心价值观的价值引领作用,提高各民族的文化自信,保护少数民族的传统文化。

(二)弘扬和培育"蒙古马精神"的重要性

着力弘扬和培育"蒙古马精神",对于凝聚民族力量、振奋民族精神具有重要意义。自1947年内蒙古自治区成立以来,特别是改革开放以来,自治区的经济社会取得了快速发展,经济实力显著增强,人民生活水平有了很大提升。但是我们还是应当清楚地认识到,相比于其他省市,内蒙古自治区在卫生、医疗保障、教育、文化、物质生活水平等方面还是处于落后的地位,我区属于欠发达地区的区情没有改变,改革发展中还存在这样或者那样的问题。

在新的发展阶段,内蒙古自治区大力践行着创新、协调、绿色、开放、共享的发展理念,坚决守住发展、生态和民生底线,旨在加快实现在我国西部地区率先全面建成小康社会的目标,努力把内蒙古建设得更加繁荣富裕和谐美好,努力把内蒙古打造成祖国北疆安全稳定屏障和生态安全屏障。

面对着这样一个基本区情,这样一个奋斗目标,决定了我们今后的路必将会遇到各种困难和风险,决定着我们必须动员和凝聚全区各族人民的力量继续进行艰苦创业,决定了我们必须大力弘扬不畏艰险、坚韧不拔、知难而上的精神。正所谓,"大鹏之动,非一羽之轻也;骐骥之速,非一足之力也"。因此,"蒙古马"锐意进取、一往无前的精神的倡导和弘扬,将会有力地凝聚各族干部群众的智慧和力量,激励和鞭策各族干部群众振奋精神、奋发图强,使民族地区经济社会发展水平不断跃上新台阶,使人民的生活水平不断获得新提升,推动各民族共同进步,从而始终保持边疆地区的发展和稳定。

着力弘扬和培育"蒙古马精神",对于增强人民的使命意识、强化责任担当具有重要意义。今天,我们所处的社会环境、时代环境都发生了重大变化。我们现在拥有的生产和生活条件,与过去相比都有了大幅度提高。在这种情况下,能否继续发扬艰苦奋斗、无私奉献的光荣传统,是对我们当代人尤其是党员干部的严峻考验。近年来,有的干部受资产阶级腐朽思想和生活方式的影响,淡忘了全心全意为人民服务的宗旨,淡忘了艰苦奋斗精神,追求享乐,贪图安逸,不思进取,甚至以权谋私,违法乱纪,严重败坏了党风和社会风气。主要表现为以下几个方面:一是部分党员干部信仰缺失,责任感不够。二是部分党员干部作风建设不到位,"四风"问题严重,很大程度

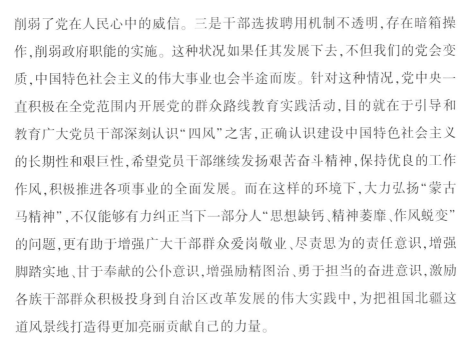

削弱了党在人民心中的威信。三是干部选拔聘用机制不透明,存在暗箱操作,削弱政府职能的实施。这种状况如果任其发展下去,不但我们的党会变质,中国特色社会主义的伟大事业也会半途而废。针对这种情况,党中央一直积极在全党范围内开展党的群众路线教育实践活动,目的就在于引导和教育广大党员干部深刻认识"四风"之害,正确认识建设中国特色社会主义的长期性和艰巨性,希望党员干部继续发扬艰苦奋斗精神,保持优良的工作作风,积极推进各项事业的全面发展。而在这样的环境下,大力弘扬"蒙古马精神",不仅能够有力纠正当下一部分人"思想缺钙、精神萎靡、作风蜕变"的问题,更有助于增强广大干部群众爱岗敬业、尽责思为的责任意识,增强脚踏实地、甘于奉献的公仆意识,增强励精图治、勇于担当的奋进意识,激励各族干部群众积极投身到自治区改革发展的伟大实践中,为把祖国北疆这道风景线打造得更加亮丽贡献自己的力量。

着力培育和弘扬"蒙古马精神",可以推动内蒙古培育践行社会主义核心价值观,守护好少数民族美好的精神家园。习近平总书记在论社会主义核心价值观的时候强调:"要大力培育和弘扬社会主义核心价值体系和核心价值观,加快构建充分反映中国特色、民族特性、时代特征的价值体系。坚守我们的价值体系,坚守我们的核心价值观,必须发挥文化的作用。民族文化是一个民族区别于其他民族的独特标识。要加强对中华优秀传统文化的挖掘和阐发。"由此我们可以看到,只有加强对于传统文化的挖掘和阐发,才能发挥出文化的作用,进而才能培育和弘扬社会主义核心价值观,也才能守护好少数民族美好的精神家园。草原文化是蒙古族生生不息、勇往直前的精神动力,是具有中国特色、民族特性和时代特征的文化,也是中华优秀传统文化的重要组成部分,而植根于草原文化,具有深厚的积淀、丰富的内涵"蒙古马精神",既体现了草原人民共同铸造的传统美德,又体现了草原人民艰苦奋斗、开拓进取的时代精神,对内蒙古各族人民具有很强的凝聚作用。其与社会主义核心价值体系中包含的民族精神和时代精神是一致的。因此,着力培育和弘扬植根于草原文化,具有独特民族特性的,有良好群众基础的"蒙古马精神",对于内蒙古自治区培育和践行社会主义核心价值观具有极大的推动作用。

培育和弘扬"蒙古马精神",对于传承和发展优秀民族文化,维系好民族文化的基因和血脉,建设好各族人民的美好精神家园,巩固好各族人民团结奋斗的共同思想基础,凝聚和激励各族干部群众同心协力、艰苦创业,共同守卫祖国边疆、共同创造美好生活都具有重要的时代意义,新时代培育和弘扬好"蒙古马精神",必将为推动我区经济和社会发展,培育和践行社会主义核心价值体系起到核心的推动作用。

三、弘扬"蒙古马精神"、建设社会主义核心价值观的现实路径

"蒙古马精神"有草原文化最根本的精神基因、有草原民族最深层的精神追求,它的提法,完全符合内蒙古核心价值体系品牌化的"地域性""民族性""时代性""实践性"的四个基本特征。内蒙古自治区与其他省区在政治、经济、文化等方面都存在着差异和不同,在践行社会主义核心价值体系过程中,要将"蒙古马精神"打造成为一块品牌,这样才能充分发挥出"蒙古马精神"的作用。而要发现、挖掘、培养出带有明显的地域和民族特色的品牌,只有不脱离内蒙古的实际,从草原文化中充分汲取营养,结合时代精神进行延伸阐发,使草原文化与现代文化更适应,实现传统民族文化与先进价值观念的有机结合,使"蒙古马精神"与社会主义核心价值观更协调,这样才能解决内蒙古的问题。

我们倡导和弘扬"蒙古马精神",必须要立足于"蒙古马精神"形成的独特历史文化积淀,梳理和挖掘"蒙古马精神"的脉络和文化基因。另一方面,也要将传统文化精神与时代精神紧密结合起来,在实践中不断赋予其新的

时代内涵,从而使"蒙古马精神"其更具时代特征和内在感染力,在中国特色社会主义新时代背景下焕发出新的理论生机与生命活力。在2009年的时候,内蒙古自治区就立足于民族地区的实际,结合时代发展的要求,创造性地提出了"社会主义核心价值体系目标化、系统化、品牌化建设的总体思路。"按照这一思路积极进行探索,内蒙古取得了多方面的实践经验和成就。比如"三带三创"——理论品牌、"中国梦·尽责圆梦"——实践品牌、"活力内蒙古"——网络宣传品牌,等等。在2014年,自治区党委办公厅下发的《关于培育和践行社会主义核心价值观的实施意见》明确将目标化、系统化、品牌化列为全区培育和践行社会主义核心价值观的总体要求,并构建了较完整的落实机制。习近平总书记提出的"蒙古马精神",更是为内蒙古自治区在培育践行社会主义核心价值观"三化"建设中的"品牌化"指出了新的思路,是加强"品牌化"建设的重要路径。

培育和弘扬"蒙古马精神",推动社会主义核心价值观品牌化建设,就要更好地把培育和践行社会主义核心价值观融入国民教育、精神文明建设的全过程,贯穿到改革开放和社会主义现代化建设的各个领域。这样才能更好地弘扬"蒙古马精神",坚定不移地走中国特色社会主义道路,为实现中华民族伟大复兴的中国梦而奋斗。

(一)加强基础设施建设,提供良好的物质保障

培育和践行社会主义核心价值观,弘扬"蒙古马精神",要解决好经济社会发展不平衡不充分的问题,首先要抓好基础设施建设。经济基础决定着上层建筑,没有足够的经济基础作为保障,很难搞好社会主义意识形态工作,建设好上层建筑。因此,在少数民族地区培育和践行社会主义核心价值观的首要任务应当是加快基础设施建设、解决经济发展不平衡的问题。"任何一种秩序只停留在制度层面上均不能构成最牢固的秩序,只有秩序在人们的内心凝固化以后,才能成为难以动摇的秩序。"因此,积极制定鼓励、扶

持民族地区经济发展战略、政策,加快民族地区经济发展,为社会主义核心价值观的培育和践行提供充裕的物质基础具有现实必要性。

内蒙古地处边疆、条件比较艰苦,在加强物质基础建设的过程中,就需要广大人民群众,特别是广大干部充分发扬吃苦耐劳,艰苦奋斗,一往无前的"蒙古马精神",要把"蒙古马精神"融入经济社会发展的各个领域,不断提升求真务实的工作作风,推动各项工作不断跃上新台阶;要把"蒙古马精神"贯穿于改革发展的各个环节,从细微处着手,在具体工作中体现,从而焕发出推动改革发展的强大精神力量,通过驰而不息的艰苦奋斗,努力谱写内蒙古改革开放和现代化建设新篇章,把内蒙古的发展蓝图变为美好现实。

(二)提高政府治理能力,提供良好的环境保障

培育和践行社会主义核心价值观,弘扬"蒙古马精神",要加强少数民族地区的政府的综合治理能力,为其提供良好的环境保障。少数民族地区的政府存在综合治理能力较低的问题,这在一定程度上阻碍了"蒙古马精神"的发挥,阻碍了社会主义核心价值观的践行工作。"政府的治理能力是推动社会全面发展的指向标和助推器"政府的综合治理能力包含着许多方面,比如政府的决策能力、执行能力、调控能力、协同能力、改革能力,等等。

当前,我国实行的少数民族区域自治政策,这一政策将权力下放给民族地区,在一定程度上激发了民族地区的干劲和活力,但是应当看到,当前在少数民族地区存在的比如决策能力非科学民主化、执行能力非公开法制化、协调能力互动化不足等问题。在这样的环境下,很难真正让社会主义核心价值观真正深入人心,因此,有必要提升民族地区政府的治理能力,从而为社会主义核心价值观实施提供环境保证。这就要求党员干部从自身做起,认真学习"蒙古马精神",积极转变自己的工作作风,加强组织纪律修养。真正做到执政为民,情为民所系、权为民所用、利为民所谋,塑造一个亲和的政府形象。同时,民族地区的政府要从"官本政府"向"民本政府"转化,形成具

有决策能力民主科学化、执行能力公开法制化、调控能力协调统筹化、协同能力互动合作化、改革能力综合配套化的现代化治理能力的高效政府。

（三）尊重各族文化差异，与优秀传统文化结合

培育和践行社会主义核心价值观，弘扬"蒙古马精神"，要尊重各少数民族的文化差异，将其与少数民族的传统文化结合起来。在少数民族地区培育和践行社会主义核心价值观绝不是简单的社会价值一元化，而是在尊重民族文化、承认个体价值差异的基础上，实现社会主义核心价值观的引领地位。少数民族传统文化是以血缘、族缘和地缘为基础形成的，不同的民族文化会导致民族伦理道德的内容不相同。尽管存在着这样或那样的不同，在价值追求和道德理想方面仍然具有一致性，比如：热爱祖国，反对分裂；提倡人与自然和谐共处，反对破坏自然环境；提倡团结合作，反对背信弃义；强调无私奉献，反对见利忘义；强调诚信友善，反对虚伪狡诈；追求自由平等，反对不公不正……这是我们各民族之间存在的共性，而这些恰恰与"蒙古马精神"，与社会主义核心价值观殊途同归。培育和践行社会主义核心价值观正是因为社会主义核心价值观代表了全国各族人民的共同价值追求和道德理想，这也为实现社会主义核心价值观的引领地位提供了可能性。社会主义核心价值观的实现具有了可能性，那么我们在培育和进行的过程中，就应当注意到各民族之间存在的民族文化差异，就要把它与少数民族的优秀传统文化结合起来。

（四）结合时代发展要求，挖掘和阐发理论内涵

培育和践行社会主义核心价值观，要结合时代要求对"蒙古马精神"加以丰富和阐发，使草原民族最基本的文化基因与当代文化相适应、与现代社会相协调。民族精神是民族传统文化的积淀和精髓，但它并不是一成不变的，它是随着实践的发展而发展的。"蒙古马精神"作为"中国精神"的一部

分,必须结合时代变化发展的要求不断地发展,在大力弘扬的同时更要着力培育。培育"蒙古马精神",首先要深入挖掘和阐发"蒙古马精神"的内涵,要对草原文化有文化自觉、文化自信,最终实现文化自强。

"蒙古马精神"是我们加强草原文化转型的产物,它所表现的吃苦耐劳、一往无前的精神正是对草原文化优秀传统的继承和弘扬。在对"蒙古马精神"以及社会主义核心价值观的内涵进行解读的时候,应当结合少数民族传统文化进行具体化、民族化的解读。在培育"蒙古马精神",践行社会主义核心价值观的同时,要从草原文化中充分汲取思想道德营养,结合时代要求加以延伸阐发,要加大对蒙古马的物种特征、其承载精神、在草原文化中的地位、具有的当代价值、与培育和践行社会主义核心价值观的关系、与中华民族传统文化的关系、对自治区经济社会历史文化发展的现实指导意义以及对中国、对世界的意义等问题进行深入研究。

(五)融入民众主体思想,探索独特的教育模式

培育和践行社会主义核心价值观,宣传"蒙古马精神",必须融入和结合少数民族民众主体的思想实际,探索适合少数民族民众特点的教育模式,突出重点,有的放矢。"少数民族传统文化,是各少数民族在千百年的生产生活实践中经过不断沉淀、积累起来的生活习惯、风俗观念、宗教信仰、语言文字、文学艺术、生活技术等方面的总和,是中华民族文化不可分割的重要组成部分"。从心理学的角度来讲,教育对象容易认同与原有价值观念一致的内容,抵抗不一致的内容的灌输。因此,在大力宣传"蒙古马精神",培育和践行社会主义核心价值观的时候,应当把"蒙古马精神"、社会主义核心价值观中所包含的价值理念与少数民族的文化紧密结合,运用民族文化进行解读。

为增强"蒙古马精神"和社会主义核心价值观的针对性和时效性,我们要及时调查研究当地民众的思想观念、动态变化,分析、掌握他们的价值观

念;不仅要了解民众们对于核心价值观的认同程度,也要分析影响核心价值观认同的现实因素和历史文化因素,更要深入研究价值观念的内化认同和知行转化的心理机制,积极加快少数民族地区核心价值观的培育和践行。要从老百姓的视角出发,采用民众喜闻乐见的方式,尽量贴近普通民众的生活和内心世界,多创造有吸引力和渗透力的作品,利用网络平台和文学、戏剧、电影、音乐等群众喜闻乐见的文艺形式讲好蒙古马的故事,对"蒙古马精神"进行塑造和表现,全方位去阐述和宣传社会主义核心价值观理念,加大传播力度、拓展传播途径、创新传播方式,努力提升其创新力、表达力、传播力和影响力,做到理论上通俗化、宣传上具体化、实践上生活化。同时要对少数民族受众进行分级、分层次的显性教育,坚持集思广益、广开渠道,兼顾国家教育、学校教育、家庭教育三者相结合的原则,以期做到润物细无声,使社会主义核心价值观得以落实、入脑,让少数民族民众理解什么是真正的"蒙古马精神",什么是真正的社会主义核心价值观。

(六)充分发扬榜样作用,发挥社会正能量效应

培育和践行社会主义核心价值观,宣传"蒙古马精神",首先,要充分发扬榜样的作用,强化实践作用,增加社会的正能量。要充分利用少数民族的传统文化、宗教文化的积极内容,通过树立典型、宣传典型、学习典型,激发民众情感共鸣,增强对社会主义核心价值观的道德认同。我们要在全区范围内,甚至扩大到全国范围内,大力普及"爱国、敬业、诚信、友善"道德规范,积极开展爱国主义教育,举办大量类似于助人为乐、学雷锋等志愿活动,将公民个体意识转化为良好行为,不断强化良好行为的养成,通过实践活动引导公民养成良好的道德习惯。

"蒙古马精神"作为新时代社会主义核心价值观的体现,作为"中国梦"的重要承载者,作为实现我区各族人民团结奋斗的坚定信念,具有非常重要的时代价值。我们要积极发挥包含"蒙古马精神"在内的草原文化核心理念

在建设社会主义核心价值体系中的作用,把草原文化核心理念融入中国特色社会主义共同理想之中,融入以爱国主义为核心的民族精神和以改革创新为核心的时代精神之中。积极推动内蒙古社会主义核心价值观品牌化工程的建设和发展,守好各民族美好精神家园。

参考文献

1.习近平.习近平谈治国理政[M].北京:外文出版社,2014.

2.习近平.习近平谈治国理政(第二卷)[M].北京:外文出版社,2017.

3.习近平.在全国组织工作会议上的讲话[M].北京:人民出版社,2018.

4.国家民族事务委员会编写.中央民族工作会议精神学习辅导读本[M].北京:民族出版社,2015.

5.国家民委民族理论政策研究室.中央民族工作会议创新观点面对面[M].北京:民族出版社,2015.

6.费孝通.中华民族的多元一体格局[M].北京:中央民族大学出版社,1999.

7.蔡长青.守望相助 团结奋斗——内蒙古70年繁荣发展的经验与启示[M].呼和浩特:内蒙古人民出版社,2017.

8.傅锁根、孙大为.蒙古马精神 吃苦耐劳 一往无前[M].呼和浩特:内蒙古人民出版社,2019.

9.马永真.草原文化研究在内蒙古建设民族文化强区中的地位与作用[N].内蒙古日报(汉)2016.6.25(05).

10.守望相助 大美北疆内蒙古自治区成立70周年[N].新华社,2017.

11.安静赜.发扬"蒙古马精神"推动经济健康发展[N].内蒙古日报(汉),2017.1.9.

12.陈艳平.从两方面入手培养中华民族共同体意识[N].中国民族报,

2017.4.14.

13. 贺瑞.各民族携手共建共有精神家园[N].内蒙古日报,2017-08-06.

14. 以习近平同志为核心的党中央关心内蒙古发展纪实[N].人民日报.2017-08-07.

15. 守望相助促团结 同心筑梦再出发[N].内蒙古日报(汉),2018.3.10.

16. 马戎.中华民族是守望相助的大家庭[N].人民日报,2018.5.23.

17. 内蒙古社会科学院课题组.草原文化在世界文明史上的地位和作用——论人类命运共同体与草原文化创新发展[N].内蒙古日报(汉),2018.8.10.

18. 风雨兼程铸就开放热土——内蒙古口岸改革开放发展综述[N].内蒙古日报(汉).2018-12-20.

19. 绿水绕北疆 铁肩护安宁——内蒙古奋力建设"两个屏障"纪实[N].内蒙古日报(汉).2019-01-26.

20. 郑大华.铸牢中华民族共同体意识[N].人民日报.2019-02-27.

21. 保持加强生态文明建设的战略定力守护好祖国北疆这道亮丽风景线[N].人民日报.2019-03-06.

22. 布小林.政府工作报告[N].内蒙古日报,2019-03-17.

23. 内蒙古社会科学院草原文化研究课题组.崇尚自然践行开放恪守信义论草原文化的核心理念[J].内蒙古社会科学(汉文版),2009(04).

24. 乌兰.弘扬草原文化 增强内蒙古文化软实力[J].党建,2012(11).

25. 丁龙召.守望相助 民族工作指导思想的新概括新诠释[J].内蒙古宣传思想文化工作,2014(03).

26. 内蒙古社会科学院草原文化研究课题组.论弘扬"蒙古马精神"[J].实践(思想理论版),2014(08).

27. 许星杰 张时空 丁龙召.守望相助:我国民族工作的重要指导思想

[J].实践(思想理论版),2014(09).

28.刘吉昌 李昭勇.论习近平"守望相助"的思想蕴意[J].贵州民族研究,2014(12).

29.陈艳平.中国共产党领导的内蒙古抗日斗争[J].实践(思想理论版),2015(08).

30.秦晓茹."守望相助"的丰富内涵与实践要求[J].内蒙古宣传思想文化工作,2016(02).

31.王璇.内蒙古要着力培育和弘扬"蒙古马精神"[J].黑龙江民族丛刊(双月刊),2016(05).

32.卢朝霞.民族守望互助圆梦[J].实践(思想理论版),2016(09).

33.王奇昌.各民族守望相助 共同繁荣发展[J].实践(思想理论版),2017(06).

34.刘吉昌 金炳镐.构筑各民族共有精神家园培养中华民族共同体意识[J].西南民族大学学报(人文社科版),2017(11).

35.王璇.培育和弘扬"蒙古马精神"推动社会主义核心价值观品牌化建设[J].实践(思想理论版),2018(03).

36.常安.习近平中华民族共同体建设思想研究[J].马克思主义研究,2018(01).

37.王鉴.中华民族共同体意识的内涵及其构建路径[J].中国民族教育,2018(04).

38.蔡常青.守望相助 示范前行--内蒙古改革开放40年民族团结进步的基本经验[J].实践(思想理论版),2018(06).

39.邓磊 罗欣.习近平铸牢中华民族共同体意识理路探析[J].社会主义研究,2018(06).

40.徐俊六.铸牢中华民族共同体意识与边疆民族地区社会治理关系研究[J].宁夏社会科学,2018(06).

41.巴特尔.铸牢中华民族共同体意识 奋力实现伟大复兴中国梦[J].中国民族,2018(07).

42.黄莹.践行草原文化核心理念 推动文化强区建设[J].内蒙古宣传思想文化工作,2018(08).

43.王景峰,王刚.坚定文化自信弘扬草原文化[J].实践·思想理论版,2019,(1):52-53.

结束语

祖国的正北方,有一块酷似"骏马奔腾"的广袤土地静静地守护着祖国的北疆,这就是美丽富饶的内蒙古自治区。在漫长的历史长河中,在这片历史悠久、民族众多、地域辽阔、风光宜人、资源丰富的神奇土地上,光辉灿烂、源远流长的草原文化,孕育了吃苦耐劳、一往无前,不达目的绝不罢休的"蒙古马精神",它丰富了中华文明的宝库,为构建中华民族共有精神家园做出了杰出的历史贡献,也为全区各族人民共同创造美好幸福生活做出了坚定的指引。

1947年5月1日,在迎接中华人民共和国诞生的曙光里,在中国共产党的领导下,我国第一个少数民族自治区内蒙古自治区宣告成立,它实现了蒙古民族长期以来渴求民族解放与自治的愿望,并为中国其他少数民族的解放树立了光辉典范,奠定了全国56个民族大团结的基石,成为中华人民共和国实践民族区域自治制度的光辉起点,也开辟了内蒙古发展的新纪元。

内蒙古自治区成立70多年来,在党中央的正确领导和亲切关怀下,各族人民自觉把地区和个人的前途命运同中华民族伟大复兴的历史使命紧密相连,坚定不移实行民族区域自治制度,经济社会事业取得了长足的进步。尤其是党的十八大以来,以习近平同志为核心的党中央高度重视内蒙古的改革发展,为内蒙古立足新时代、实现高质量发展指明了前进方向。70多年来,一代代草原儿女凝聚在党的旗帜下,谱写出一曲曲艰苦奋斗的赞歌,书写下一个个民族团结的传奇。经济发展、社会稳定、文化繁荣、民族团结、风景壮美,全区各族人民守望相助,砥砺奋进,辽阔大地上发生了翻天覆地的变化,全区各领域发展取得了世人瞩目的成就,成为祖国北疆一道亮丽的风景线。内蒙古70多年的发展成就,是全区各族人民艰苦创业、守望相助的结果,而"蒙古马精神"作为草原文化的结晶、民族文化的成果,在内蒙古的建设发展中发挥了不可替代的作用。吃苦耐劳、一往无前,不达目的绝不罢休的"蒙古马精神"作为中华民族的宝贵精神财富,作为全区各族人民守望相助的精神纽带,已深深融入草原民族的血脉,久久根植于内蒙古各族人民的心中,是流淌在草原儿女血液中、刻入骨子里的遗传基因,是内蒙古自治区精神文化的核心象征。

如今,中华人民共和国已经走过70年的光辉岁月,改革开放已经走过了40多年的伟大历程,在中国共产党的正确领导下,在各族人民的坚持不懈共同努力下,内蒙古各项事业取得了历史性成就、发生了历史性变化。内蒙古自治区从贫穷落后的民族地区奋力追赶,而今已成为国家重要的能源基地、新型化工基地、有色金属生产加工基地、绿色农畜产品生产加工基地、战略性新兴产业基地和国内外知名旅游目的地。改革开放40多年来,内蒙古秉持以发展为第一要务,经济发展实现飞速跨越,大型乳业、羊绒、稀土加工工艺均在全球范围内保持排头兵地位。全区生产总值从1978年的58亿元增长到2017年的1.6万亿元,年均增长11.7%,期间2002到2009年连续八年增速"蝉联"全国第一,到2010年跻身"万亿元俱乐部";人均生产总值6.4万元,排名从1978年的全国第17位跃居到2017年的第9位。财政"蛋糕"不断做大,收入分别在1985年、2002年和2010年跨过十亿元、百亿元和千亿元大关,到2017年达到1703.2亿元,比1978年增长245.9倍。

改革开放40多年,内蒙古坚持推动经济结构转型升级,发展质量不断提高;促进城乡区域协调发展,城乡面貌发生巨大变化;补齐基础设施短板,发展保障能力大幅提升;坚持对外开放,开放型经济水平明显提高;坚持绿色循环低碳发展,生态环境持续改善;坚持以人民为中心的发展思想,民生福祉极大提高,为决胜全面建成小康社会、打造祖国北部边疆亮丽风景线奠定了坚实基础。2014年,习近平总书记考察内蒙古时指出,内蒙古要积极探索建立可持续的生态环境保护制度;完善龙头企业与农牧民利益联结机制;创新同俄蒙合作机制。如今,习近平总书记嘱托自治区先行先试的这"三项改革"成果丰硕,而推动自治区深化改革的"蒙古马精神"也早已成为自治区经济社会进步的强大精神动力。

改革开放40多年,内蒙古自治区的发展虽然取得了瞩目的成就,但我们必须深刻地认识到,内蒙古底子薄、欠发达,发展不平衡不充分和发展水平不高的情形并没有得到根本改变,后续改革开放和发展面临的基础条件、发展机遇、外部环境、发展要求以及比较优势等也发生了深刻变化。我们必须清醒地认识到,内蒙古经济社会发展仍面临不少困难和问题,主要是:产业转型升级任务艰巨,科技创新能力不强,新动能支撑不足,节能减排压力较大;民生方面还有不少短板,群众在就业、教育、医疗、养老、住房等方面有许多不满意的地方;一些地区财政运行困难;营商环境亟待改善,企业融资难融资贵问题尚未有效解决。政府工作还存在许多不足,履行脱贫攻坚责任不到位;行政效率有待提高;一些干部服务意识、法治意识和环境意识不强,新发展理念没有完全树立起来,思想观念还不适应高质量发展要求,等等。这些都要求内蒙古各族干部群众要增强忧患意识,坚持问题导向,采取有力措施,有针对性地加以解决。

弘扬"蒙古马精神",就是要传承、发扬蒙古马果敢坚决的精神。经过训练的蒙古马,在战场上沉着果断坚决,其气势让敌人闻风丧胆;弘扬蒙古马一往无前的精神,就是要学习蒙古马只要接受任务就奔腾不息、勇往直前、不完成任务誓不罢休的精神。弘扬蒙古马忠于职守的精神,也是因为蒙古马历来有忠于主人、忠于职守的美誉,它虽然生性刚烈,但对主人和草原却是无限忠诚。如今,随着科学技术的发展更新变化,战场上已经不再有蒙古马的疾驰和嘶鸣,但是,随着改革不断向纵深推进,需要解决的矛盾问题交织叠加,在复杂多变的思潮和现象面前,我们仍需必须发扬蒙古马果敢坚决的精神,在困难面前,雷厉风行,排除千难万险,不折不扣地执行。

弘扬"蒙古马精神",就是要结合内蒙古自治区经济社会发展的目标要求,坚持科学的方法论,有所为,有所不为,要抓重点、补短板、强弱项,发展中要有所取舍。"蒙古马精神"体现为当代的使命意识、责任担当,还要落实到具体行动中,付诸于内蒙古自治区的各项事业发展中,付诸于改革开放和社会主义现代化建设的历史进程中。大力弘扬"蒙古马精神",推进全面深化改革,实现自治区经济社会高质量发展,就是要大力弘扬吃苦耐劳、一往无前,不达目的绝不罢休的"蒙古马精神",攻坚克难、攻城拔寨,一个难题接着一个难题去攻克、一项工作接着一项工作去推进。

弘扬"蒙古马精神",就是要发扬敢于牺牲、甘于奉献的拼搏精神。当前,内蒙古自治区正处在全面建成小康社会的决胜阶段,加快转变经济发展方式,应对发展中的矛盾和挑战,解决前进道路上的困难和问题,顺应各族人民对美好生活的向往和期待,必须在新的历史起点上全面推进改革发展。2019年3月,习近平总书记在参加十三届全国人大二次会议内蒙古代表团审议时强调保持经济持续健康发展和社会大局稳定的任务十分繁重。内蒙古要扎实做好各项工作,确保经济平稳运行,打好脱贫攻坚战,稳步提高民生保障水平,促进各民族共同繁荣发展,不断增强人民群众获得感、幸福感、安全感。从弘扬"蒙古马精神"和推进改革开放共同促进的维度思考,运用开放的思路解决改革中遇到的各种问题;运用改革的举措化解开放中的各种矛盾;运用"蒙古马精神"战胜改革开放中的各种困难,凝聚全区各族人民的力量进行艰苦创业,使"蒙古马精神"贯穿于全面深化改革的全过程。越是加快推进改革发展,越是需要强大的精神动力。

我们要深刻认识到弘扬"蒙古马精神"对推进自治区经济社会发展乃至于中国特色社会主义发展事业所具有的重要意义。"吃苦耐劳"是最可宝贵的政治品格,"一往无前"启示我们要勇于创新、立足长远、准确定位发展方向，"不达目的绝不罢休"要求我们要以坚强意志、坚定决心艰苦创业，克服改革发展过程中的难题，努力实现发展速度与发展质量的有机统一。要把弘扬"蒙古马精神"融入自治区经济社会发展的各个领域，以"蒙古马精神"推进各个领域的工作，不断提升求真务实的工作作风，推动各项工作不断跃上新台阶；要把弘扬"蒙古马精神"贯穿于自治区改革发展的各个环节，从细微处着手，在具体工作中体现，从而焕发出推动改革发展的强大精神力量，努力谱写内蒙古改革开放和现代化建设的崭新篇章。

事业发展没有止境，深化改革没有穷期，内蒙古自治区要坚定不移将改革开放进行到底，不断激发发展的动力和活力。内蒙古各族儿女在"蒙古马精神"的激励与感召下，将坚持习近平新时代中国特色社会主义思想为指导，全面贯彻党的十九大和十九届二中、三中全会精神，统筹推进"五位一体"总体布局，协调推进"四个全面"战略布局，坚持稳中求进工作总基调，坚持新发展理念，坚持推动高质量发展，坚持以供给侧结构性改革为主线，坚持深化市场化改革、扩大高水平开放，加快建设现代化经济体系，继续打好三大攻坚战，着力激发微观主体活力，创新和完善宏观调控，统筹推进稳增长、促改革、调结构、惠民生、防风险工作，保持经济运行在合理区间，进一步稳就业、稳金融、稳外贸、稳外资、稳投资、稳预期，提振市场信心，增强人民群众获得感、幸福感、安全感，保持经济持续健康发展和社会大局稳定，为全面建成小康社会收官打下决定性基础。

辽阔而壮美的内蒙古，如同一匹扬鬃嘶鸣的蒙古马，步稳蹄疾、追风逐日，奔向更加绚丽、更加辉煌的春天。内蒙古地处边疆、条件比较艰苦，尤其需要广大干部发扬吃苦耐劳、一往无前，不达目的绝不罢休的"蒙古马精神"，通过驰而不息的艰苦奋斗，把内蒙古的发展蓝图变为美好现实。"蒙古马精神"深深地影响着人们，特别是蒙古民族和内蒙古自治区历史发展的长河中，"蒙古马精神"鼓舞着世世代代的内蒙古各族人民。"蒙古马精神"已演化为伟大的民族精神，成为中华民族的宝贵精神财富。在改革开放的新时代,"蒙古马精神"与改革创新、锐意发展的时代精神紧密结合,被赋予新的内涵,成为实现守望相助,建设祖国北疆,实现内蒙古发展历史性巨变的强大精神力量。当前,内蒙古处在自治区成立以来发展最好最快的时期,经济结构更加合理,民生改善更有保障,民族团结更为紧密,生态环境不断改善,呈现各民族共同团结奋斗、共同繁荣发展的良好态势。吃苦耐劳、一往无前,不达目的绝不罢休的"蒙古马精神"将继续鼓舞着内蒙古各族人民,为自治区"向北开放"创新实践提供精神动力,为推进"两个屏障"建设提供精神定力,为决胜全面建成小康社会、打造祖国北疆亮丽风景线的伟大实践提供强大的精神力量。建设美丽内蒙古是全区各族人民的期盼和心愿,而美丽内蒙古必定是天蓝水清地绿、人与自然和谐共生的内蒙古;必定是各民族团结和睦、边疆稳固安宁的内蒙古;必定是人人享有优质公共服务和公平发展机会的内蒙古。

发展是场接力跑,需要我们大力弘扬"蒙古马精神";推动内蒙古自治区的高质量发展,不是一朝一夕之功,需要弛而不息、久久为功。习近平总书记以蒙古马为例,就是激励内蒙古各族儿女要在风霜雪雨的大草原上不畏艰辛、纵横驰骋、建功立业,助力建设亮丽内蒙古的实践更加熠熠生辉。内蒙古各族人民秉承"蒙古马精神",打造经济发展的风景线,就是要实现经济持续健康发展,转变经济发展方式取得重大进展,地区综合经济实力进入全国前列;打造民族团结的风景线,就是要全面贯彻落实党的民族政策,深入推进民族团结进步事业,共同守卫祖国边疆、共同创造美好生活;打造文化繁荣的风景线,就是要创新发展草原文化,深入开展民族文化强区建设,建设好各民族的美好精神家园;打造边疆安宁的风景线,就是要更加完善社会治理体系,进一步提高法治内蒙古建设水平,让安定有序、充满活力的社会局面进一步巩固发展;打造生态文明的风景线,就是要让生态环境恶化趋势得到有效遏制,主要生态系统步入良性循环,让内蒙古的天更蓝、水更清、草更绿、空气更清新;打造各族人民幸福生活的风景线,就是要让经济社会发展更趋协调,教育、文化、卫生等各项社会事业长足发展,让各族群众从物质上到精神上都把日子过得更加红火。习近平总书记曾强调"伟大梦想不是等得来、喊得来的,而是拼出来、干出来的。"内蒙古各族儿女会牢记习近平总书记的殷殷嘱托,大力弘扬"蒙古马精神",把忠诚干净担当融入血液,切实增强"四个意识"、坚定"四个自信"、做到"两个维护",以时不我待的勇气、人民至上的情怀,担当尽责、开拓创新、奋力拼搏、苦干实干,致力于新时代内蒙古的行稳致远。

新时代,内蒙古自治区将以改革的"一马当先"带动全社会的"万马奔腾",弘扬蒙古马吃苦耐劳、一往无前,不达目的绝不罢休的精神,调动全区各族人民勇于创新、扎实干事的积极性与主动性,激发各级领导干部的创造活力和改革动力,使各族干部群众更加自觉、坚定地投身到自治区现代化建设的伟大实践中。大力弘扬"蒙古马精神",就是要以"蒙古马精神"为夯实民族团结进步的政治基础,助力扛起守卫祖国北疆的历史重任,落实共创美好生活的时代号召,做坚定的"蒙古马精神"的传承者、践行者,让"蒙古马精神"在助力亮丽内蒙古建设实践中更加熠熠生辉,为全面建成小康社会,实现中华民族伟大复兴的"中国梦"而不懈奋斗。

新时代、新征程,内蒙古各族人民将继续以蒙古马的速度向前奔跑,以"蒙古马精神"为魂,一往无前。追梦路上,内蒙古各族人民信心百倍、缪力同行,民族复兴、未来可期。

后 记

　　2014年1月,习近平总书记在考察内蒙古时鼓励自治区各族干部群众,希望大家干事创业要像蒙古马那样,有一种吃苦耐劳、一往无前的精神。这是习近平总书记首次明确提出"蒙古马精神",这既是对草原人民奋斗精神的充分肯定和高度赞扬,也是对草原人民的亲切关怀和殷切期望。习近平总书记提出"蒙古马精神"五周年,聚焦"蒙古马精神",重新审视"蒙古马精神"的科学内涵及其当代价值,更好地传承与弘扬"蒙古马精神",为内蒙古自治区打造祖国北疆亮丽风景线,为中国特色社会主义建设激发更多的活力,这是本书创作的初衷。

　　"蒙古马精神"既是内蒙古人民奋斗精神的最集中体现,赋予自治区各族人民以强大的精神力量,是各族人民共有的精神家园,又深深扎根于中华各族人民的奋斗历程中,是中国精神的体现,极大地丰富了中国精神的谱系。因循着这样的思路,在本书撰写的过程中,我们试图将逻辑与历史相结合,从"蒙古马精神"的出场开始,探寻习近平总书记所提出的"蒙古马精神"的深刻内涵及其深远意义。

　　全书的编写体例、总体框架和各章思路由傅锁根设计,全书观点是课题组全体成员相互交流、碰撞思想的成果。课题组成员在具体撰写过程中,先后共进行过四次修改完善,最终形成本书成稿。具体分工情况是:傅锁根(前言、第四章、结语)、王璇(第一章)、赵嘉敏(第二章)、杨子祯(第四章)、孙大为(第五章)。在按照初稿体例撰写中,内蒙古农业大学职业技术学院刘娴老师，为原大纲设计的"蒙古马精神助力扛起守卫祖国北疆的历史重任"撰写倾注了大量的精力和热情；内蒙古大学马克思主义学院硕士研究生刘丹、张雨薇、李娅君为本书第二章、第三章、第四章的写作搜集了大量的资料，付出了大量的汗水；集宁师范学院文学院院长李俊教授、内蒙古医科大学团委副书记苏雅拉图参与了大纲的讨论。在此，一并致以感谢。

全部书稿最后由傅锁根做了统一审校、修改，内蒙古大学马克思主义学院杨子祯博士参与了全书内容的修订与统稿工作。

在本书撰写过程中，内蒙古自治区社科联主席杭栓柱、副主席胡益华和朱晓俊，内蒙古自治区社科联研究部部长李爱仙对书稿的结构、观点提出了许多宝贵意见。文风、蔡常青、李晶、那顺巴图、孙杰五位专家对本书进行了专门评审，就本书的薄弱部分和不妥之处提出了许多深刻而中肯的意见和建议。在此，我们一并致以最衷心的感谢！

本书在撰写过程中遇到的最大的问题是，学界目前对这一问题的研究成果不是很多，系统性研究更是薄弱。囿于作者的识见，从目前已有研究成果来看，主要集中于"蒙古马精神"的基本内涵、"蒙古马精神"的时代意义、"蒙古马精神"的培育路径等方面。毫无疑问，这些研究成果开阔了我们的视野，为我们开展研究提供了极为有益的参考价值。然而，也应该看到，已有相关研究成果还不够成熟，研究成果往往呈现出零散化和不系统化状态，这也加大了"蒙古马精神"撰写的难度。由于可供参考文献有限，加之作者水平有限，更多时候我们只能摸索前进；本书的体例结构还不够完善，书中也一定有许多疏漏、不妥和失误之处，敬请专家学者和广大读者批评指正。

课题组

2019 年 5 月